AF191746

Das erfolgreiche Geschäft in Europa

Vorgehensweise nach Knigge

Sehen,

Verstehen,

Umsetzen

von

Dipl. Ing. Sinan Mucur

Bibliografische Information der Deutschen Nationalbibliothek.
Die Deutsche Nationalbibliothek verzeichnet diese Publikation in der
Deutschen Nationalbibliografie. Detaillierte bibliografische Daten
sind im Internet über http://dnb.d-nb.de abrufbar.

Mucur, Sinan, Dipl. Ing.:

Das erfolgreiche Geschäft in Europa – Vorgehensweise nach Knigge

Sehen, Verstehen, Umsetzen

1. Auflage – Norderstedt:Books on Demand, 2008

ISBN-13: 9783839101278

Inhaltsverzeichnis

Einleitung

Wenn wir uns Gedanken über unser und über die Wesensmerkmale von anderen Menschen machen, dann rührt das auch manches Male von daher, dass wir es nicht gelernt haben mit bestimmten Situationen unseres Gegenüber umzugehen. Im Verlauf der Jahrzehnte haben wir uns von unseren Mitmenschen immer weiter entfernt. Manche von uns begrüßen das und andere wiederum wünschen sich eine enge Vertrautheit, zumindest einen etwas engeren freundlichen Kontakt.

Wir haben unsere Freude am Umgang mit anderen Menschen und Kulturen immer weiter verloren. Ich würde sogar behaupten, dass wir uns über die Jahre unserer Entwicklung hinweg und mit wachsender Globalisierung von der kulturellen anders denkenden Außenwelt isoliert haben.

Selbstverständlich begleitet uns das klare Bewusstsein, Menschen und ihre Kulturen kennen zu lernen, jedoch überwiegt oftmals die Angst vor Abgrenzung, Isolation und Missverständnissen. Langsam öffnen wir uns wieder anderen Menschen, Kulturen und Denkweisen. Billigreisen, Pauschalangebote, Last Minute Flüge bringen uns dichter zueinander.
Allerdings sind solche kulturellen und menschlichen Annäherungen, außerhalb des

Massen- und Pauschaltourismus manches Male mit Schwierigkeiten verbunden. Eine Vorgehensweise die für Sie vollkommen normal ist, kann Menschen in einem anderen Land und Kulturkreis, zu Missverständnissen und Irritationen führen, ja sogar beleidigen.

Während meiner verschieden Reisen, durfte ich viele Menschen kennen lernen und damit einen kleinen Einblick in ihre Kultur nehmen. Auffällig war, dass viele meiner Handlungen zu Missverständnissen geführt hätten, wenn mir nicht genau diese Menschen aus diesen Kulturkreisen wertvolle Hinweise gegeben hätten, um genau diese Fehler zu vermeiden.

Die zunehmende Globalisierung im gesamten europäischen Raum eröffnen jedoch nicht nur neue Geschäftsfelder und Möglichkeiten, sondern bietet Ihnen als normalen Reisenden die Gelegenheit, sich in das Gefüge einer fremden Kultur einzubringen. Dieses Buch soll Ihnen die Gepflogenheiten, Sitten, Riten und Mentalitäten und Begebenheiten in Europa näher bringen.

Ich wünsche Ihnen von Herzen alles Gute und noch viele spannende Kontakte in Europa.

Dipl. Ing. Sinan Mucur
Danksagung und Vorwort

Als ich mich diesem, fälschlicherweise im ersten Moment nicht ganz so interessant erscheinendem, Projekt angenommen habe, hatte ich die Wahl zwischen dem Hören / Sagen und selber die notwendigen Erfahrungen zu sammeln, um dieses Buch zu verfassen.

Ich entschloss mich für beide Seiten der Informationsbeschaffung. In den letzten 6 Monaten bereiste ich mit meinem alten Diktiergerät und einer wirklich großen Anzahl an Kassetten ganz Europa. Die Irritation an den Grenzen bei den Zollbeamten war offensichtlich. Welcher „Tourist" transportiert schon etwas über 150 Minikassetten in seinem Koffer ? So war schon an den Grenzen für Gesprächsstoff gesorgt und viele Stunden verbrachte ich mit Zöllnern, Grenzbeamten und anderen Beamten bei einem Tee, Kaffee, einem „nach Großmutters Art" aufgekochtem Kräutersud, oder einem anderen alkoholischen „Aufwärmgetränk".

Dabei haben wir uns in einem Kauderwelsch von Sprachen, mitunter Deutsch, Türkisch, Französisch und Englisch verständigt. Und obwohl ich angenommen habe, dass die sprachliche Barriere wohl die sein wird, die mir Schwierigkeiten bereiten würde, hat sich genau dieser Mangel als ein enormer Vorteil herausgestellt. Alle waren gezwungen, dem anderen sehr genau zuzuhören und Verständnisfragen zu stellen. Das verschaffte das notwendige Vertrauen und auch die notwendige Sicherheit, auch einmal in das sogenannte „Fettnäpfchen" treten zu dürfen, ohne mit der Gefahr zu leben, dass das zum Vorwurf gemacht werden konnte.

Natürlich hat auch das bereisen der einzelnen Länder mir viel Spaß gemacht. Nicht nur, dass ich dabei nach langer Zeit meine alten Freunde und Bekannten wiedersehen durfte. Sondern auch die Überraschung, nach so vielen Jahren des Brief- und Mailkontakts den Menschen auf der „anderen" Seite wiederzusehen.

Obwohl die Freude des Wiedersehens auf beiden Seiten sehr groß war, bemerkte ich schnell, dass die Neugier, Land, Leute und Kultur kennen zu lernen nicht nur von meiner, sondern auch von der anderen Seite von großem Interesse war. In intensiven nächtelangen Gesprächen bei gutem Essen und Trinken erfuhren beide Seiten die Sitten und Riten des Gegenüber. Viele Dinge waren für beide Seiten überraschend, aber wiederum auch selbstverständlich. Genauso, wie viele Vorgehensweisen, Handlungen und Aktionen für mich selbstverständlich waren, stießen diese auf Ablehnung, Verblüffung und Unverständnis. Teilweise waren viele Dinge, die für mich Selbstverständlich sind, für die andere Seite ein Grund für herzliches Lachen. Ich bedanke mich bei den Menschen, die mir bei der Fertigstellung des Buches tatkräftig mit Rat und Tat geholfen haben. Obwohl ich viele Länder bereist habe, darf ich mit Stolz sagen, dass ich froh bin, solche Menschen wie ich Sie auf das Neue kennenlernen durfte, als meine Freunde bezeichnen zu dürfen.

Auf diesem Wege danke ich insbesondere meiner lieben Freundin Narin in Bulgarien, Pavel in Polen, Gianni in Italien, Artur in Lettland, Nikolaj in Estland, meinen lieben Freunden Anja und Urs aus Deutschland und den vielen anderen Menschen, die in ganz Europa leben, arbeiten und sich vielleicht den einen oder anderen Tag mit den Gepflogenheiten anderer Menschen auseinandersetzen müssen.

Knigge – Wer oder was ist Knigge ?

Wenn wir von Knigge hören oder sprechen,

meinen wir damit Freiherr Adolph Franz Friedrich Ludwig Knigge (16. Oktober 1752 – 06. Mai 1796). Freiherr Knigge wurde durch seine Schrift *„Über den Umgang mit Menschen"* bekannt. Allerdings wird der Name irrtümlich für die vielen Benimmratgeber genutzt, die eigentlich mit dem soziologischen Werk nichts zu tun haben. Mit diesem Werk avancierte Knigge eine Aufklärung über die vielen Formen der Höflichkeit und den am Hof bestimmenden Taktgefühl. Eine zeitgemäße Fassung des Werkes, gab allerdings der Nachfahre Moritz Freiherr Knigge im Jahre 2004 unter dem Titel *„Spielregeln. Wie wir miteinander umgehen sollten"* heraus.

Europa – Nationen und Auffassungen

Europa ist ein Bündnis von vielen Nationen zum Zwecke der wirtschaftlichen und politischen Gemeinsamkeit. So viele Nationen es innerhalb der europäischen grenzen gibt, so viele unterschiedliche Auffassungen gibt es. Für einige von uns können die Verhaltensregeln in einigen Ländern als „steif" und „ungelenk" vorkommen, doch für genau diese Nation ist es unabdingbar mit solchen Traditionen und Werten nicht zu brechen, um die eigene Identität nicht zu verlieren. Nun liegt es aber an jedem selber sich mit diesen unterschiedlichen Traditionen, Werten und

Formen gezielt auseinanderzusetzen. Selbstverständlich heißt das nun nicht, dass der gewogene Leser mit seinen eigenen Traditionen brechen soll. Oft passiert es, dass wir uns über die Umgangsformen fremder Kulturen wundern und die Vorgehensweisen nicht nachvollziehen können. Für die einen ist es ein Zeichen von guten Umgangsformen, wenn man beim Essen den Ellenbogen nicht auf dem Tisch abstützt, für die anderen wiederum gehört dieses dazu. Den Umgang mit einer uns fremden Kultur zu erlernen, uns in ein bestehendes uns nicht bekanntes System einzufügen ohne uns zu verändern, dass soll keine Herausforderung sein, sondern entgegengebrachter Respekt.

Themen in diesem Buch
In diesem Buch werden wir uns hauptsächlich mit den gravierendsten Themenbereichen beschäftigen. Hierzu zählen die

- Begrüßung und Kommunikation
- Speisen und Getränke
- Geschäftliches
- Dresscode
- Kulturelles und Gesprächsthemen
- Tabuthemen und
- Sonstiges, die Sie beachten sollten

Belgien

Begrüßung und Kommunikation

Belgier sind für ihre Herzlichkeit bekannt und schütteln <u>allen</u> Anwesenden zur Begrüßung und zur Verabschiedung die Hand. Das sollten Sie selbstverständlich auch tun und auf den deutschen Brauch auf den Tisch zu klopfen, verzichten. Wichtig hierbei ist, dass Sie den Beteiligten bei der Begrüßung in die Augen sehen.

In Belgien herrschen hauptsächlich die Sprachen Französisch und Niederländisch, obwohl festgehalten werden muss, dass es einen kleinen deutschsprachigen Bereich gibt. Achten Sie darauf, dass Sie die Sprachen und die Kulturen nicht miteinander verwechseln. Sie kommen damit eventuell ungewollt in kulturelle Schwierigkeiten.

Mit einem Flamen unterhalten Sie sich niemals auf französisch. Sie stoßen damit auf Ablehnung.

Mit einem Wallonen unterhalten Sie sich niemals auf Niederländisch. Auch dieses könnte Sie auf Ablehnung stoßen lassen, sofern ein Wallone Sie überhaupt versteht.

Außerhalb des kleinen deutschen Gebiets, sollten Sie mit einem Belgier grundsätzlich auf den Gebrauch der deutschen Sprache verzichten.

Niederländische Anreden:

Herr	Meneer
Frau	Mevrouw
Fräulein	Mejuffrouw

Französische Anreden:

Herr	Monsieur
Frau	Madame
Fräulein	Mademoiselle

Speisen und Getränke

In Belgien ist es unerlässlich einen Tisch im Restaurant zu reservieren. Ab 12.30 Uhr wird es höchstwahrscheinlich nicht möglich sein, einen freien Sitzplatz zu bekommen, da in den verschiedenen Stadtzentren in Belgien die Restaurants gerne für Geschäftsgespräche genutzt werden.

Wenn wir auf die Speisen und Getränke zu sprechen kommen, wird Belgien oft als das Land der Muscheln und Pommes Frites bezeichnet. Diese Aussage ist jedoch nur zu einem kleinen Teil wahr. Wahr ist, das Pommes Frites und Muscheln die Nationalgerichte Belgiens darstellen, doch die belgische Nation hat wahrlich noch viele andere Leckereien und Spezialitäten.

Belgien ist berühmt für seine feine handgemachte Schokolade, die in vielen Spezialitäten -und Delikatessenschäften in Belgien erhältlich sind.

Doch auch das Bier hat in Belgien eine lange jahrhundertlange Tradition. Diese haben einen hervorragenden variations-reichen Geschmack. Eines der wohl bekanntesten Biere ist wohl hierbei das Trappistenbier, dass noch heute im gleichnamigen Trappisten Kloster gebraut wird. Die Mönche der Trappisten gehören zum Orden der Zisterzienser, die den Regeln des heiligen Benedikt aus dem 6. Jahrhundert folgen.

Ein Trappistenbier ist nur dann ein solches, wenn diese ausschließlich in einem Zisterzienserkloster unter der Aufsicht eines Trappisten - Mönches gebraut wurde.

Ein weiteres bekanntes Bier, ist das saure Lambic − Bier, welche aus dem Sennetal kommt und auch dort gebraut wird. Dieses

Bier wird auf flämisch als Lambiek, Lambik oder Lambic bezeichnet, auf Französisch nur als Lambic. Diese Biersorte hat eine lange Tradition und wird ohne die Zugabe von Hefe gebraut.

Wenn Sie noch rechtzeitig einen Platz in einem Restaurant gefunden haben und Speisen konnten, werden bei dem Trinkgeld Rechnungen um ca. bis zu 10% aufgerundet.

Geschäftliches

Wenn Sie in Belgien Geschäften nachgehen wollen und häufig mit Terminen arbeiten, ist es sinnvoll Geschäftstermine mindestens eine Woche, besser schon 10 Tage vorher zu vereinbaren. Die Firmen, die in Belgien ansässig sind, benötigen Zeit um sich auf Sie vorzubereiten. Sie sollten wissen das Geschäftstermine sehr häufig in der Mitte des Vormittags oder am Nachmittag durchgeführt werden. Es kann vorkommen, dass ihr Geschäftspartner Sie mitunter zum Essen in eines der vielen hervorragenden Restaurants einlädt. Wenn so etwas passiert, dann haben Sie Geschäftlich ein Schritt nach vorne gemacht.
Es erklärt sich von selbst, dass Sie zu ihren treffen immer pünktlich erscheinen sollten. Unpünktlichkeit und die akademischen 15

Minuten Verspätung werden in Belgien nicht toleriert. Planen Sie sich genügend Zeit zur Anfahrt ein, da der Verkehr in den Stadtzentren enorm dicht sein kann.

Dresscode

In der belgischen Geschäftswelt geht es sehr formal zu und diese Formalität wird auch von Ihnen erwartet. Konservative Kleidung ist in der belgischen Geschäftswelt zwingend. Dazu zählen dunkle Anzüge, mit oder ohne Nadelstreifen, weiße Baumwollhemden mit einer Seidenkrawatte aus dickem und griffigem Stoff. Das Design einer Krawatte ist schlicht, so dass auf Eifeltürme, Mickey Mäuse und Snoopymotive zu verzichten ist.

Bei der Wahl der Schuhe sollten Sie auf von Hand angefertigtes Schuhwerk zurückgreifen. Ein Cromwell oder Derby, welches auf Hochglanz poliert sind, erweisen sich immer von Vorteil.

Die Damen tragen elegante Anzüge ohne viele Verschnörkelungen. Diskreter eleganter Schmuck und / oder andere Accessoires sind natürlich auch hier angebracht.
Bis ihr belgischer Geschäftspartner Ihnen das persönliche „*Du*" vorschlägt, wird sich immer auf der „*Sie*" - Basis unterhalten. Das „*Du*" ist

grundsätzlich Familienangehörigen oder guten Freunden vorbehalten.

Sollten Sie gegen diese Regeln verstoßen, wird dieses als ein Fauxpas gesehen, welches auch ihr Ansehen in der belgischen Geschäftswelt leiden lassen wird.

Kulturelles und Gesprächsthemen

Grundsätzlich sind Belgier kontaktfreudig und können sich über die verschiedensten Themenbereiche unterhalten. Allerdings gilt es auch hier spezielle Regeln zu beachten. Belgier unterhalten sich z.B. nicht über Persönliches. Dazu zählen Finanzielles, die politische Einstellung, sowie persönliche Titel, welche für einen Belgier nicht von Belang sind.

Sie können sich jedoch über Themen wie Sport, insbesondere Fußball und Radsport unterhalten. Weitere interessante Themen ist das allseits bekannte Essen und die reichhaltige Auswahl an belgischen Bieren.

Belgier unterhalten sich auch sehr gerne über das eigene Land und deren Vorzüge. Es ist auch durchaus von Vorteil, sich über den Teil Belgiens auszukennen, indem Sie sich gerade aufhalten.

Unterhalten Sie sich grundsätzlich in einer angemessenen Lautstärke und legen Sie eine souveräne Ruhe an den Tag. Belgier sind sehr ausgeglichen und ruhig.

Besuche bei einem Belgier zu Hause sind relativ selten. In den meisten Fällen werden Sie eine Einladung in ein belgisches Haus erst dann bekommen, wenn man Sie ein wenig besser kennt und mit Ihnen gut auskommen kann.

Sollten Sie eine Einladung erhalten, nehmen Sie ein kleines Präsent für die Dame und den Herren des Hauses mit. Bei der Auswahl für die Dame kann es ein ansprechendes Blumenarrangement sein. Hierbei sollten Sie darauf achten, eine ungerade Blumenanzahl (nicht 13) und bei der Wahl der Art keine Lilien, rote Rosen oder Chrysanthemen mitzunehmen. Für den Herrn des Hauses, hat es sich als Vorteilhaft herausgestellt einen guten Wein, oder eine andere Spirituosenspezialität aus der Gegend mitzunehmen. Die Präsente übergeben Sie bitte direkt nach der Begrüßung.

Kaufen Sie sich eine kleine Anzahl von hübschen Postkarten, die Sie nach der Einladung an ihre Gasgeber versenden können. Achten Sie darauf, dass die Karte handgeschrieben ist.

Tabus

Wie in allen Nationen, gibt es bei persönlichen Gesprächen mit Belgiern auch sogenannte Tabuthemen in einem persönlichen Gespräch. Zu diesen Tabuthemen zählen Politik, Witze oder Scherze über Wallonen oder Flamen, die belgische Geschichte oder im allgemeinen über die Deutschen".

Weitere Punkte ist das Ansprechen der Verwendung mehrerer Sprachen und das generelle Kritisieren der belgischen Kultur, in welcher Hinsicht auch immer.

In Restaurants waschen Sie sich bitte vor der Einnahme der Speisen die Hände. Nach dem Essen ist das benutzen von Zahnstochern oder anderen Zahnreinigungsutensilien nicht gerne gesehen. Dies wird genauso als unhöflich betrachtet, wie das Nase putzen oder Gähnen in der Öffentlichkeit.

Auch sollten Sie auf körperliche Distanz achten. Es gilt als unschicklich, wenn Sie bei einem persönlichen Gespräch mit einem belgischen Geschäftspartner die Distanz von etwa einer Armlänge unterschreiten. Des weiteren zeugt es von mangelnder Erziehung, wenn Sie die Hände in den Hosentaschen haben.

Sonstiges

Führen Sie stets einen Personalausweis mit, um sich ausweisen zu können.

EU - Beitritt	Gründungsmitglied
Staatsform	Konst. Monarchie
Hauptstadt	Brüssel
Fläche	30 158 km²
Bevölkerung	10.5 Millionen
Währung	Euro (€)

Botschaft der Bundesrepublik Deutschland
Rue Jacques de Lalaingstraat 8 - 14
1040 Brüssel
Tel.: 002 / 787.1800
Fax: 002 / 787.2800

Belgische Botschaft in Berlin

Jägerstrasse 52 - 53
10117 Berlin
Tel.: 0049 / 30.206420
Fax.: 0049 / 30.20642200

Bulgarien

Begrüßung und Kommunikation

Bulgaren lieben eine gute Unterhaltung und sind offen für jegliche Art der Kommunikation. Allerdings sind bei der Kommunikation einige Grundregeln zu beachten, an die Sie sich erst einmal gewöhnen sollten. Am besten üben Sie 4-5 Tage vor ihrer Abreise mit ihrer Familie. Die Bulgaren bestätigen nämlich eine Zustimmung durch Kopfschütteln und das Verneinen einer Aussage durch Kopfnicken.

Bei der formalen Begrüßung sind die Verhaltens- und Umgangsregeln ähnlich wie die bei den Deutschen. Zur Begrüßung geben Sie sich die Hand. Auf den deutschen Brauch auf den Tisch zu klopfen, sollten Sie verzichten. Dieser Brauch ist in Deutschland üblich, aber nicht in anderen europäischen Nationen.

In Bulgarien wird außerhalb der eigenen Muttersprache von der jüngeren Gesellschaft oft Englisch und / oder Deutsch gesprochen. Sofern Sie es jedoch erreichen wollen, dass man ihnen die Wertschätzung entgegenbringt, die Sie erwarten, sollten Sie zumindest einige Wörter oder ganze Sätze auf Bulgarisch beherrschen. Am besten wären hierbei Begrüßungssätze oder einfache Floskeln.

Der Einfachheit halber, werde ich Ihnen einige häufig gebrauchte Wortbeispiele mit auf den Weg geben:

Hallo	zdra´vej
Auf Wiedersehen	do´wi:jdane / ´t ao
Danke !/Bitte !	blagodar´ja / zapov´ja:daj
Bitte-um etwas bitten	´mo:lja
Entschuldigung	izvi´ne:te
Willkommen	na´dober pe:t
Achtung !/Hilfe !	´pomo t
Ja !/Nein !	da/ne:
Bulgarien/Deutschland	´belgarija / fe-er-ge
Campingplatz	´kempink
Pension/Hotel	xo´tel
Fahrrad	velosi´pe:d
Wasser/Milch	vo´da / ´mlja:ko

Bulgarische Anreden:

Herr	Gospodin
Frau	Gospozha
Fräulein	Gospozhitsa

Speisen und Getränke

Bulgarien ist das Land der reichhaltigen und würzigen Küche. Ein bulgarischer Gastgeber wird sich die größte Mühe geben, dass es Ihnen gut geht und keine Wünsche offen bleiben.

Schweinefleisch herrscht in Bulgarien vor und wird immer sehr gut gewürzt auf den Tisch gebracht. Zum Essen wird Brot gereicht, dass Sie bitte in mundgerechte Stücke unterteilen, bevor Sie es in die Soße tunken oder direkt essen. In einigen Regionen wird das Brot in Gewürze gestippt, bevor es gegessen wird. Als Vorspeisen werden Salate, Käse oder Kaltsuppe angeboten. Bei den Hauptgerichten ist es sehr unwahrscheinlich, dass kein Fleisch verarbeitet wird. Sollten Sie also Vegetarier sein, empfiehlt sich ein Gespräch mit dem Restaurantleiter, oder respektive dem Gastgeber. In Bulgarien ist es unter anderem üblich Zwischenmahlzeiten einzunehmen. Doch beachten Sie bitte unbedingt dass solche Zwischenmahlzeiten zwar nicht riesig, doch aber sehr sättigend sein können. Wenn Sie zum Essen eingeladen sind, sollten Sie bei der Wahl eventueller Zwischenmahlzeiten mit Bedacht vorgehen. Nach den Mahlzeiten gibt es entweder ein Eis- oder Kuchendessert.

Beim Essen ist es Vorteilhaft eine zweite etwas kleinere Portion zu nehmen. Dadurch signalisieren Sie, dass es Ihnen schmeckt und Sie das Essen zu schätzen wissen.

Bulgarien zählt zu den Nationen mit der längsten Weinbautradition Europas. Vor ca. 5000 Jahren brachten die Thraker die ersten Weinreben aus dem Osten auf den Balkan, welche sich bis heute nicht nur etabliert haben, sondern auch einen hervorragenden Ruf geniessen. Neben dem reichhaltigen Angebot an sehr guten Weinen, gibt es selbstverständlich auch Bier und andere Spirituosen, wie z.B. diverse Schnäpse unter anderem auch Spitzenobstler.

Genau wie in vielen Ländern in Europa, gilt es als unhöflich, wenn Sie sich beim zuprosten nicht in die Augen sehen. Nun ist es aber auch nicht so, dass Sie sich quer über den Tisch legen sollen, um ihrem Gegenüber tief in die Augen zu blicken. Ein flüchtiger Augenkontakt ist vollkommen ausreichend.

Wenn Sie an Getränken genug zu sich genommen haben, sollten Sie einen kleinen Rest im Glas lassen, da das Glas ansonsten immer wieder nachgeschenkt wird.

Bei der Platzwahl warten Sie bitte, bis die Gastgeberin oder ihr Gastgeber ihnen einen Platz anbietet. Das gilt für das gemeinsame Essen, für geschäftliche Besprechungen oder andere Anlässe.

Im Gegensatz zu Deutschland, wo es mittlerweile unüblich ist, nach dem Essen am Esstisch zu rauchen, ist es bei den Bulgaren üblich auch während des Essens zu rauchen. Dieses wird im Gegensatz zu deutschen Sitten nicht als störend empfunden.

Wenn Sie in den Touristikmetropolen noch rechtzeitig einen Platz in einem Restaurant gefunden haben und Speisen konnten, werden bei dem Trinkgeld Rechnungen um ca. bis zu 10% aufgerundet, sofern diese in die Rechnung nicht schon eingerechnet sind. Schauen Sie sich zu diesem Zwecke die Rechnung genau durch, bevor Sie zahlen.

Geschäftliches

Ich habe bei vielen Terminen festgestellt, dass eine telefonische Terminbestätigung am Tage zuvor in Bulgarien unerlässlich ist. Wenn Sie ihren bulgarischen Geschäftspartner nicht kompromittieren wollen, können Sie einen Tag vorher anrufen und höflich nach der jeweiligen Parkplatzsituation anfragen.

Ansonsten gilt natürlich: „Pünktlichkeit ist ein MUSS". Planen Sie ihre Anfahrt zu einer Geschäftsbesprechung ein bis zwei Tage vorher über eine örtliche Stadtkarte und kalkulieren Sie eine Ausweichroute, damit Sie auch im äußersten Notfall handlungsfähig bleiben.

Bei der Begrüßung geben Sie bitte jedem der Anwesenden in einem Raum zur Begrüßung die Hand. Sobald Sie eine der Personen mit Handschlag begrüßt haben, übergeben Sie bitte sofort ihre Visitenkarte. Bevor Sie mit ihrer Geschäftsbesprechung beginnen, sollten Sie versuchen ihre Geschäftspartner besser kennenzulernen. Diese Vorgehensweise ist in Bulgarien üblich und angebracht. Weiterhin sollten Sie wissen, dass sich bulgarische Geschäftsleute nicht drängeln lassen. Nehmen Sie sich die Zeit. Man wird es Ihnen danken und gerne mit Ihnen Geschäfte machen, denn wichtige Geschäfte werden grundsätzlich nicht sofort abgeschlossen.

Geschäftstermine werden in die Mitte der Vormittage oder Nachmittag gelegt. Es kommt vor, dass ihr Geschäftspartner Sie zum Essen in ein Restaurant einlädt. Vor einem Termin sollten Sie eine Kleinigkeit essen. Sollten Sie zum Essen eingeladen werden, können Sie noch eine Kleinigkeit speisen und sollte die Einladung ausbleiben, werden ihre Gespräche durch das sogenannte „Magengrummeln" nicht unterbrochen.
Auch in Bulgarien freut man sich über Post.

Hier empfiehlt es sich für einen schönen Termin schriftlich zu bedanken. Das prägt sich positiv ein.

Dresscode

Eine zurückhaltende konservative Kleidung ist in der bulgarischen Geschäftswelt angebracht. Die gedeckte Farbwahl mit oder ohne Nadelstreifen, weiße Baumwollhemden mit einer Seidenkrawatte aus dickem und griffigem Stoff ist ansprechend. Bei der Krawatte sind auf Eifeltürme, Mickey Mäuse und Snoopymotive zu verzichten.

Die Damen tragen modische aber nicht allzu auffällige Kleidung, welche Sie mit wenigen dezenten Schmuckaccessoires aufwerten dürfen.

Sie dürfen zu Geschäftsbesprechungen ein Präsent mitnehmen. Hier empfehle ich entweder einen sehr guten Wein, oder etwas hübsches für das Büro. Das kann eine kleine Statue sein, oder etwas anderes Dekoratives.

Kulturelles und Gesprächsthemen

Wie Eingangs erwähnt sind Belgier sehr kommunikativ und kontaktfreudig. Sie können sich über verschiedene Themen unterhalten. Hierzu zählen das eigene Land, die Küche, der gute Wein etc.

Selbstverständlich bietet auch Bulgarien etwas für den Partyfreudigen. Der Goldstrand (Ballermann des Balkan) befindet sich ca. 20km von der Stadt Varna weg. Hier gibt es immer Live Auftritte von auf Mallorca bekannten Partygrößen. Die Saison ist von Anfang / Mitte Mai bis Mitte / Ende September. Auf der Partymeile und den mittlerweile über 15 Diskotheken und angeschlossenen Karaokebars, vergeht die Zeit sprichwörtlich wie im Fluge, denn varna hat eine internationale Fluganbindung.

Tabus

Nicht unbedingt angebrachte Themen sind, die eigene politische Einstellung, negative Äußerungen über die örtlichen wirtschaftlichen Verhältnisse, respektlose Äußerungen über Traditionen und Kulturen (auch gegenüber anderen Ländern), da die Bulgaren ein äußerst tolerantes Volk gegenüber anderen Traditionen, Religionen und Kulturen, Riten und Sitten sind.

Sonstiges

Sofern Sie öffentliche Verkehrsmittel nutzen, sollten Sie berücksichtigen, dass Sie grundsätzlich dazu angehalten sind aufzustehen und ihren Sitzplatz Frauen mit kleinen Kindern, Schwangeren und älteren Menschen anzubieten.

Wenn Sie der Dame des Hauses Blumen überreichen, achten Sie darauf, dass Sie keine Friedhofsblumen verschenken. Dazu zählen: Gladiolen, Chrysanthemen und Lilien.

Sollten Sie Raucher sein, ist es unbedingt notwendig beim betreten einer Privatwohnung oder eines Büros zu fragen, ob Sie rauchen dürfen.

Nach 22.00 Uhr gilt es als unangebracht und unhöflich jemanden anzurufen.

EU - Beitritt	2007
Staatsform	Republik
Hauptstadt	Sofia
Fläche	111 000 km²
Bevölkerung	7,7 Millionen
Währung	Lev

Botschaft der Bundesrepublik Deutschland
ul. Frédéric Joliot-Curie 25
BG - 1113 Sofia
Tel.: 0359 / 2 / 918.38-0 Zentrale
Fax: 0359 / 2 / 963.16-58 Zentrale

Belgische Botschaft in Berlin
Mauerstrasse 11
10117 Berlin
Tel.: 0049 / 30.2010922 / 26
Fax.: 0049 / 30.2086838

Dänemark

Begrüßung und Kommunikation

Die Dänen sind ein sehr warmherziges Volk, obwohl Sie auf den ersten Eindruck einen eher distanzierten und kühlen Eindruck vermitteln.

Obwohl es immer mehr zum Brauch wird, sich auch in Dänemark beim Vornamen zu nennen, gebietet es die Höflichkeit auch hier auf die Einladung zum „Du" zu warten. Bis dahin Bedarf es der Höflichkeit.

Bei der Begrüßung sind die Verhaltens- und Umgangsregeln ähnlich wie die bei den Deutschen. Zur Begrüßung geben Sie sich die Hand und schauen sich dabei an. Dieses Ritual wiederholt sich auch bei Verabschiedung.

Dänische Anreden:

Herr	Hr
Frau	Fru
Fräulein	Froken

Hier noch einige Hilfestellungen:

Guten Tag	Goddag
Auf Wiedersehen	Farvel, Ha´ det godt
Danke ! / Bitte !	Tak / Bonvolu
Bitte-um etwas bitten	Bede (Peti)
Entschuldigung	Tilgive (Pardoni)
Achtung !/Hilfe !	Opmaerksomhed (atento)
Ja ! / Nein !	Ja / Neij
Dänemark	Danmark
Deutschland	Tyskland
Camping- Zeltplatz	Camping (Kambadejo)
Pension / Hotel	Hotel
Fahrrad	Cykel (Biciklo)
Wasser / Milch	Vand / Maelk (Lakto)
Taxi	Taxa (Taksio)

Speisen und Getränke

Die dänische Küche hat sich in den letzten 150 Jahren stark zum Positiven geändert. Dänemark hat eine sehr abwechslungsreiche Küche, die aus unterschiedlichen Fleischsorten, Fischarten, Meeresfrüchten, verschiedenen Gemüse -und Obstsorten besteht.

Allerdings ist zu den verschiedenen Speise- und Delikatesskreationen anzumerken, dass einige nicht unerheblich teuer sind, doch sollten Sie alleine schon wegen des guten Geschmacks einige probieren.

Zu den Speisen, die auch europäischen Gästen durchaus angeboten werden, zählen das „Smörrebröd", „Spraengt lam", „Pitabröd", „Sild" und der „Stegt svinekam und aebler og svesker".

Das „Smörrebröd" ist wohl fasst jedem Europäer ein Begriff. Es ist wohl **das** dänische Nationalgericht. Es besteht aus schmalen Roggenbrotscheiben, welches mit Hering, Lachs oder geräuchertem Fleisch belegt ist. Zu diesen Scheiben gibt es in der Regel rote Beete, hartgekochte Eier, Salat und Zwiebeln. Zum Smörrebröd trinkt man in Dänemark entweder einen eisgekühlten Aquavit „Aalborg Export" oder eines der berühmten dänischen Biere „Tuborg" oder „Carlsberg".

Als weitere sehr delikate Speisen gibt es das „Spraegt lam" - gesalzenes Lamm, wobei hier gesagt wird, dass dieses eher eine isländische Spezialität ist, da auf Island die Schafe im Herbst geschlachtet und mit Salzeinlage haltbar gemacht worden sind.

Eine weitere Spezialität ist die „Platte". Die

Platte ist eine kalte Mahlzeit, die aus verschiedenen Fischfilets, Pasteten, Heringen, Fleisch- und Käsekroketten besteht. Je nach Preis können auf solch einer Platte auch Krevetten, Lachs, Ente, Schweinefleisch, geräucherter Aal und andere Fischsorten, sowie verschiedene Käsesorten vorkommen.

Sofern Sie in einem dänischen Restaurant speisen, sollten Sie wissen das die Preise für alkoholische Getränke und insbesondere für Weine relativ teuer sind. Hier sind natürlich die Biere von Tuborg oder Carlsberg eine willkommene Alternative.

Bei der Platzwahl warten Sie bitte, bis die Gastgeberin oder ihr Gastgeber ihnen einen Platz anbietet. Das gilt für das Essen, für Geschäftsbesprechungen oder andere Anlässe.

In dänischen Restaurants ist das Trinkgeld im Preis enthalten. Sollten Sie mit dem Service in einem Restaurant besonders zufrieden sein, dürfen Sie Trinkgeld hinzugeben. Bitte beachten Sie, dass Trinkgelder nur in Restaurants und nicht in Bars gezahlt werden.

Achten Sie bitte darauf, dass während eines Geschäftsessens geschäftliche Themen nicht angeschnitten werden. Die Ausnahme bildet der Gastgeber. Sollte der Gastgeber oder

Gastgeberin Themenbereiche aus dem Geschäftsleben anschneiden, ist es unhöflich nicht darauf einzugehen. Ansonsten ist es jedoch nicht die Regel.

In Dänemark ist es durchaus üblich, dass Einladungen zum Essen ins eigene Haus ausgesprochen werden. Diese Einladungen dürfen Sie durchaus annehmen. Bei einer solchen Einladung zum Abendessen, sitzen Sie als männlicher Gast der Gastgeberin und als weiblicher Gast dem Gast gegenüber.

Die Gastgeberin wird diverse Speisen kredenzen, von denen Sie auch alle probieren sollten, da eine Ablehnung als Unhöflichkeit gewertet wird.

Nach dem Essen werden ihnen Kaffee oder ein Schnaps angeboten. Bei einigen meiner Besuche in Dänemark luden mich die Gastgeber danach zu einem Spaziergang ein. Dies ist nicht nur für die Verdauung sehr verträglich, sondern auch für den weiteren Aufbau freundschaftlicher oder geschäftlicher Basis sehr hilfreich, da hier intensive Gespräche geführt werden können, wo sich die Partner untereinander besser kennen lernen.

Geschäftliches

Pünktlichkeit zählt in Dänemark zu einer der wichtigen Tugenden. Sie sollten niemals ihren dänischen Geschäftspartner warten lassen.

Es gilt: **„Pünktlichkeit ist ein MUSS"**. Planen Sie ihre Anfahrt zu einer Geschäftsbesprechung ein bis zwei Tage vorher über eine örtliche Stadtkarte und kalkulieren Sie eine Ausweichroute, damit Sie auch im äußersten Notfall handlungsfähig bleiben.

Bei der Begrüßung geben Sie bitte jedem der Anwesenden in einem Raum zur Begrüßung die Hand. Sobald Sie eine der Personen mit Handschlag begrüßt haben, übergeben Sie bitte sofort ihre Visitenkarte. Im Gegensatz zu einigen anderen europäischen Nationen, versuchen die Dänen die eigene Arbeitszeit so effektiv wie möglich zu gestalten. Produktivität steht an oberster Stelle. Ich habe es oft erlebt, dass dänische Kaufleute nach einer kurzen Begrüßungszeremonie sofort auf das Geschäftliche zu sprechen kamen.

Geschäftstermine werden gerne in den frühen Nachmittag gelegt, können aber auch nach Bedarf zu anderen Zeitpunkten stattfinden.

Beachten Sie bitte, dass viele Unternehmen in Dänemark die Tore in den Monaten Juli und August geschlossen halten, da diese zwei Monate Freizeit sind. Sie sollten also bei ihren Geschäftsreisen darauf achten, dass Sie bei der Vereinbarung der Termine nicht auf diese zwei Monate fallen. Sollte es unumgänglich sein, lassen Sie sich den Termin eine Woche vorher telefonisch bestätigen.

Sobald mit einem dänischen Geschäftspartner ein Abkommen getroffen wurde, steht einem positiven weiteren Geschäftsaufbau nichts mehr im Wege. Dänen sind in solcher Beziehung sehr Worttreu. Diese Treue und Zuverlässigkeit wird selbstverständlich auch von Ihnen erwartet.

Dresscode

Auch in Dänemark ist eine zurückhaltende konservative Kleidung in gedeckten Tönen innerhalb der Geschäftswelt angebracht. Weiße gestärkte Baumwollhemden mit einer Seidenkrawatte aus dickem und griffigem Stoff ist ansprechend. Auch in Dänemark sind bei der Auswahl der Krawatten auf Eifeltürme, Mickey Mäuse und anderes zu verzichten. Sie tragen bitte zu einer ausgesprochenen Einladung zum eleganten Abendessen grundsätzlich eine schwarze Krawatte.

Die Damen tragen nicht auffällige modisch geschnittene Anzüge, mit wenigen dezenten Schmuckaccessoires.

Auf jeden Fall sollten Sie zu einem besonderen Anlass, zu dem Sie durchaus eingeladen werden können, einen Smoking und die Dame ein elegantes Abendkleid mit dabei haben.

Bei Einladungen in ein Privathaus bringen Sie der Dame des Hauses einen Blumenstrauss mit. Rosen und Wildblumen werden gerne angenommen. Achten Sie bitte darauf, dass Sie keine weissen Rosen mitnehmen, da diese ein Zeichen von Trauer symbolisieren.

Dem Herrn des Hauses können Sie gerne ausgezeichnet ausgewählte Spirituosen übergeben. Hierbei eignet sich der Whiskey oder eine ausgesuchte Flasche exquisiten Weines. Diese darf durchaus aus ihrem Heimatland sein.

Kulturelles und Gesprächsthemen

Bitte vermeiden Sie den Fehler, während eines persönlichen Gespräches oder eines Telefonates mit einer dänischen Frau nach dem Chef oder dem männlichen Vorgesetzten zu fragen. In Dänemark bekleiden Frauen viele hohe Positionen und es wäre ein großer Fauxpas, dieses nicht zu berücksichtigen. Obwohl viele europäische Nationen versuchen, die Gleichberechtigung der Frauen voranzutreiben, hat Dänemark wohl als einzige Nation die höchste Gleichstellungsrate Europas.

Tabus

Mit Dänen sollten Sie sich generell nicht über Persönliches unterhalten. Das ist ein Tabu. Tun Sie es trotzdem, kann es sein, dass das Gespräch abrupt beendet wird oder Sie zurechtgewiesen werden. Wie auch immer, würden Sie an ihrem persönlichen Status enorm verlieren.

Unterhalten Sie mit den Menschen gegenüber und vermeiden Sie irgendwelche Zeichen und Symbole, die Sie mit den Händen machen. Das amerikanische Zeichen für Okay ist in Dänemark zum Beispiel eine Beleidigung. Oder kann als solche aufgefasst werden.

Auch das bei uns bekannte „Victory" Symbol darf nur mit der offenen Handfläche zum Betrachter hin verwandt werden. Ziegen Sie ihr Handrücken zum Betrachter ist dieses Symbol eine Obszönität.

Vermeiden Sie euphorische Freundlichkeit. Auch so etwas kann als Unhöflichkeit gewertet werden.

Bei Speisen in einem Restaurant mit kaltem Buffet, laden Sie bitte ihren Teller nicht bis zum Rand voll. Das ist unhöflich und stößt auf Unverständnis. Es ist durchaus angebracht ein zweites Mal zum Buffet zu gehen. Sollte nur noch ein Stück einer Speise auf einer Servierplatte vorhanden sein, so lassen Sie diese bitte liegen.

Sonstiges

Wenn Sie mit dem eigenen Auto oder dem Firmenfahrzeug unterwegs sind, ist die Anschnallpflicht gesetzlich vorgeschrieben, so dass bei einer Nichteinhaltung drakonische Busgelder drohen.

So wie in wenigen anderen europäischen Nationen, ist auch hier zwangsläufig immer mit Abblendlicht zu fahren und das „Handy am Ohr" ist verboten.

Über die Verkehrszeichen sollten sie sich vor ihrer Dänemarkanreise mit dem Auto bei der dänischen Botschaft erkundigen. Man wird ihnen gerne eine Übersicht per Post zukommen lassen.

Sollten Sie Raucher sein, ist es unbedingt notwendig beim betreten einer Privatwohnung oder eines Büros zu fragen, ob Sie rauchen dürfen. Beachten sie aber bitte auch, dass ab dem 01. April 2009 das neue dänische Rauchergesetz in Kraft treten wird, wonach Dänemark mit vielen Ausnahmen zu einem „rauchfreien" Dänemark erklärt wird.

Beachten Sie bitte, dass bei einem Telefonat Kopenhagen keine Vorwahl hat. Wählen Sie die +45. Danach werden Sie sofort mit der Durchwahl nach Kopenhagen durchgestellt.

EU - Beitritt	1973
Staatsform	Konst. Monarchie
Hauptstadt	Kopenhagen
Fläche	43 094 km²
Bevölkerung	5,4 Millionen
Währung	Dänische Krone

Botschaft der Bundesrepublik Deutschland

Stockholmsgade 57

DK - 2100 Kopenhagen

Tel.: +45 / 35 45 99 00 Zentrale

Fax: +45 / 35 26 71 05 Zentrale

Königlich Dänische Botschaft in Berlin

Rauchstrasse 1

10787 Berlin

Tel.: +49 / 30.5050 2000

Fax.: +49 / 30.5050 2050

Estland

Begrüßung und Kommunikation

Obwohl die Esten mehrere Sprachen beherrschen, so Russisch, Deutsch, Englisch und Finnisch, ist es unerlässlich für den Aufbau einer langjährigen Kommunikation Estnisch zu erlernen. Die Esten gelten als sehr Wortkarg und lassen ungern Ausländer an sich herantreten.

Esten gelten als sehr „Kommunikationsfrostig" und es bedarf einer recht widerstandsfähigen Psyche, dieses Eis „zu knacken". So brauchen Sie z. B. In Estland zur Begrüßung nicht auf einen Handschlag zu warten, oder dem Esten mit ausgestreckter Hand entgegenzugehen.

Des weiteren sind Esten sehr schweigsam und das kann sich beim gemeinsamen Essen als äußerst problematisch herausstellen, da Sie als ausländischer Geschäftspartner den kommunikativen Part übernehmen müssen.

Estische Anreden:

Herr	Härra
Frau	Proua
Ehefrau	Naine

Hier noch einige Hilfestellungen:

Guten Tag	Tere päevast
Auf Wiedersehen	Nägemiseni
Danke ! / Bitte !	Aitäh / Palun
Bitte-um etwas bitten	Paluma
Entschuldigung	Vabandust (vabandama)
Ja ! / Nein !	Jah / Ei
Achtung ! / Hilfe !	Tähelepanu / Abi
Estland	Eesti
Deutschland	Saks (Saksa)
Pension / Hotel	Pansion / Hotell
Fahrrad	Jalgratas
Wasser / Milch	Vesi / Piim
Taxi	Takso

Speisen und Getränke

Die estnische Küche ist sehr Fischlastig, obwohl auch Kalbfleisch in verschiedenen Variationen zum tragen kommt.

Die Nationalgerichte in Estland sind die „Rossolye" - eingelegte Heringe mit Rüben, das „Taidetud Basikarind" - ein gefüllter Kalbsbraten und das „Sult" - Kalbfleisch in Aspik.

Sollten Sie eine Allergie gegen Laktose haben, sollten Sie dieses im Restaurant sagen, da grundsätzlich Milch, saure Sahne oder Creme fraîche zur Verfeinerung der Speisen verwandt wird.

Bei den Getränken greift man gerne auf die heimischen Produkte zurück. Das Originalbier „Saku", welches es seit 1820 gibt, den „Viru Valge", ein regional hergestellter Vodka und das „Vana Tallinn" - ein starker Likör mit Rum-Geschmack.

In Restaurants sind Trinkgelder nicht im Preis mit inbegriffen. Sie geben nur dann ein Trinkgeld, wenn Sie mit dem Service zufrieden waren. Dann sind 5 – 10% gebräuchlich.

Bei der Platzwahl warten Sie bitte, bis die

Gastgeberin oder ihr Gastgeber ihnen einen Platz anbietet. Das gilt für das Essen, sowie für Geschäftsbesprechungen oder andere Anlässe.

In Privathäusern dürfen Sie mit dem Speisen erst beginnen, wenn Sie von dem Gastgeber dazu eingeladen werden. Die selbe Vorgehensweise wird auch angewandt, wenn Sie einen Esten in Deutschland zu sich nach Hause einladen. Nach dem Essen sollten Sie die Dame des Hauses fragen, ob Sie beim Abräumen behilflich sein dürfen.

Wenn ihre Gastgeberin Ihnen Nachschlag anbietet, sollten Sie dieses annehmen. Sie können dieses Angebot annehmen, aber sollten Sie schon sehr gesättigt sein, können Sie ihrer Gastgeberin sagen, dass Sie nur einen kleinen Nachschlag haben wollen. Den Nachschlag sollten Sie aufessen. Alles andere wäre sehr unhöflich.

Geschäftliches

Im Geschäftsleben ist der Estländer kühl und pragmatisch kalkulierend. Die Esten mögen keine langwierigen Verhandlungen. Sie sind eher als Zeitsparend bekannt und gehen so auch in Geschäftsgesprächen vor. Die Esten legen ihre Position offen auf den Tisch und erwarten auch dieses von ihrem Gegenüber. Eine schnelle Entscheidungsfindung ist bei den Esten vorrangig. Es kann sein, dass Sie am Montag mit estnischen Geschäftsleuten ein Verkaufsgespräch führen und am Dienstag eine Ordermail erhalten.

Allerdings sollten Sie auch wissen, dass Esten Probleme und Schwierigkeiten nicht offen ansprechen. Die Esten schweigen und hoffen, dass es dem Geschäftspartner auf der anderen Seite auffällt. Bleiben Sie also dauerhaft am Ball und hinterfragen Sie stets, ob noch Fragen offen geblieben sind und alles zur vollsten Zufriedenheit läuft.

Geschäftstermine werden gerne in den frühen Nachmittag gelegt, können aber auch nach Bedarf zu anderen Zeitpunkten stattfinden.

Beachten Sie bitte, dass die Esten Privates und Geschäftliches strikt voneinander trennen, obwohl der persönliche Kontakt sehr wichtig ist. Wichtig für einen Esten ist nur das der Preis und die Qualität der angebotenen Ware passt. Geschenke und Saunabesuche spielen bei den Geschäftsabschlüssen keine Rolle.

Dresscode

In Estland erwartet man eine zurückhaltende konservative Kleidung in gedeckten Tönen. Des weiteren werden weiße gestärkte Baumwollhemden mit einer Seidenkrawatte aus dickem und griffigem Stoff ist erwartet. Verzichten Sie bitte auf Motivkrawatten.

Die Damen tragen unauffällige modisch geschnittene Anzüge, mit einigen dezenten Schmuckaccessoires.

Wenn Sie eine Einladung in ein Privathaus erhalten, bringen Sie der Dame des Hauses einen bunten kleinen Blumenstrauss mit.

Dem Herrn des Hauses können Sie ein Buch oder eine exquisite Flasche Wein aus ihrer Heimat mitbringen. Da hier in Estland viel Fisch gegessen wird, kann es auch sehr guter Weisswein sein.

Kulturelles und Gesprächsthemen

Die estnische Kultur ist geprägt durch Literatur und Musik. Der berühmteste Literat ist wohl der Arzt Friedrich Reinhold Kreutzwald der die unterschiedlichen Überlieferungen im Jahre 1857 zu einem gesamtestnischen Volksepos zusammentrug.

Des weiteren gehören zu den bekannten Literaten der Dramatiker Eduard Vilde, der Lyriker Juhan Liv und der im Jahre 2007 verstorbene Jaan Kross.

In der Malerei gilt der im Jahre 1899 verstorbene Johann Köler als Begründer der estnischen Malerei.

Innerhalb der Musik haben sich innerhalb des 18., 19. und 20. Jahrhunderts Rudolf Tobias, Eduard Tobin und Artur Kapp behauptet.

Die Esten sind ein sehr stolzes Volk und aus diesem Grunde sollten Sie darauf achten, die Esten nicht mit Litauern oder Letten zu verwechseln. Auch sind sie keine „Balten". Das stellt eine Verallgemeinerung dar und ist beleidigend.

Bei historischen Themen sollten Sie Vorsicht walten lassen, denn hier können sich viele Fehler einschleichen. Selbstverständlich kann es nur von Vorteil sein, sich ein wenig mit der Historie des Landes auseinanderzusetzen, bevor Sie dort Geschäfte machen.

Tabus

Über Persönliches wird sich ein Estländer mit

Ihnen nicht unterhalten. Sie sind sehr zurückhaltend, wenn es um private Belange geht. Es dauert Jahre, bis ein persönliches Verhältnis zu einem Esten aufgebaut ist und Sie in die Gemeinschaft integriert sind.

Die Zeit nach dem zweiten Weltkrieg ist für Esten ein äußerst sensibles Thema. Die russische Besatzungszeit während des zweiten Weltkrieges bis zur Unabhängigkeitserklärung am 20. August 1991 wird aufgrund der Entbehrungen und Verzichte sehr negativ bewertet. Diese zeit wird von den Esten häufig als Okkupationszeit bezeichnet.

Des weiteren vergleichen Sie bitte niemals einen Esten mit einem Littauer oder Letten. Obwohl Lettland mit Estland benachbart sind, mögen sich diese beiden Bevölkerungen nicht sonderlich. Mit Littauen verhält es sich genauso.

Ein weiteres sensibles Thema ist die Religion und hierbei sollten Sie kritische Anmerkungen über die Kirche unterlassen, da in Estland die katholische Kirche großen Einfluss und damit einen grossen Wirkungskreis hat.

<u>Sonstiges</u>

Sollten Sie mit dem eigenen Fahrzeug oder dem Firmenfahrzeug unterwegs sein, ist ein Zeugnis zur Registrierung im Original, eine Verkehrsversicherung (grüne Karte) und eine Vollmacht notwendig, wenn das von Ihnen genutzte Fahrzeug nicht Ihr eigenes sein sollte. Diese Vollmacht kann in englischer Sprache vorliegen.

Sie können fasst im gesamten Raum von Estland kostenfrei ins Internet. Mit knapp über 1100 Hotspots hat es Estland geschafft, das Internet über die gesamten 45 000 km² auszuweiten. Sollten einige Bereiche nicht kostenfrei sein, so ist aber auch hier der Preis mit 1 bis 2 € pro Tag mehr als erschwinglich. Umständliche Buchungsvorgänge sind nicht notwendig. Bezahlt wird per SMS. Die Esten sind von daher sehr Stolz auf den Politiker Mart Laar, der diese Entwicklung energisch eingeführt und vorangetrieben hat.

Wenn Sie eine Einladung zu einem Saunabesuch erhalten, nehmen Sie diese unbedingt an. Es fördert zwar nicht die geschäftliche Entscheidung, baut aber eventuelle Spannungsfelder zwischen Ihnen und ihren estnischen Gesprächspartnern ab.

EU - Beitritt	2004
Staatsform	Republik
Hauptstadt	Tallinn
Fläche	45 000 km²
Bevölkerung	1,25 Millionen
Währung	Estnische Krone

Botschaft der Bundesrepublik Deutschland
Toom-Kuninga 11
15048 Tallinn
Tel.: 0372 / 6275 303 Zentrale
Fax: 0372 / 6275 305 Zentrale

Botschaft von Estland in Berlin
Hildebrandtstrasse 5
10785 Berlin
Tel.: 0049 / 30.254 606 02
Fax.: 0049 / 30.254 606 01

Finnland

Begrüßung und Kommunikation

Es ist wichtig einen Finnen nicht nur mit einem festen Handschlag zu begrüßen, sondern ihm dabei auch in die Augen zu schauen. Dieser Augenkontakt signalisiert Offenheit. Ansonsten hätten Sie etwas zu verbergen und so etwas schätzen die Finnen nicht.

Bei der Begrüßung wird immer die Frau zuerst begrüßt. Dabei müssen Sie ihren Vor- und Nachnamen nennen. Gegebenenfalls wiederholen Sie ihren Namen noch einmal, wenn Sie den Herrn im Raum begrüßen. Auf die Nennung von Titeln dürfen Sie hierbei verzichten. Allerdings ist es notwendig den Titel ihres Geschäftspartners beim ersten Kennenlernen zu nennen. Bei größeren öffentlichen Anlässen werden Sie durch den Gastgeber den anderen Gästen vorgestellt, so dass eine erneute Vorstellung oft überflüssig ist. Ein guter finnischer Gastgeber wird Sie zum „Aufwärmen" zwei, drei anderen Gästen vorstellen, damit der Aufbau einer Unterhaltung gewährleistet werden kann.

Unterhalten Sie sich grundsätzlich in einer gemäßigten Lautstärke und vermeiden Sie übertrieben dargestellte Euphorie. Seien Sie grundsätzlich bescheiden und vermeiden Sie öffentliche Auseinandersetzungen, da das in höchstem Maße als unhöflich gilt. Auch auf Körperkontakt ist zu verzichten.

Auf das obligatorische Smalltalk können Sie verzichten. Sie können also entsprechend gleich zum Thema kommen und sich direkt über die Themen unterhalten, die für Sie interessant sind.

Finnische Anreden:

Herr	Herra
Frau	Rouva
Ehefrau	Vaimo
Fräulein	Neiti

Hier noch einige Hilfestellungen:

Guten Tag	Hyvää päivää
Auf Wiedersehen	Näkemiin
Danke ! / Bitte !	Kiiti / Ole hyvä
Bitte-um etwas bitten	Olkaa hyvä (Sie Form)
Entschuldigung	Anteeksi
Ja ! / Nein !	Kyllä / Ei

Achtung ! / Hilfe !	Vaara / Apu
Estland	Suomi
Deutschland	Saksa
Pension / Hotel	Eläke / Hotelli
Cvamping- / Zeltplatz	Leirintäalue
Fahrrad	Polkupyörä
Wasser / Milch	Vesi / Maito
Taxi	Taksi

Speisen und Getränke

In der finnischen Küche finden sich viele gute Rezepte und Speisen, obwohl sie auf wenige Nationalgerichte zurückgreifen können. Die zu nennenden Spezialitäten sind der Kalakukko und das Poronpaisti. Für das Kalakukko werden Fisch oder Fleisch in heißem Fett gebraten und anschließend in einen pastetenähnlichen Roggenteig gefüllt und gebacken. Das Poronpaisti ist ein sehr schmackhafter Rentierbraten.

Des weiteren wird die finnische Küche auch durch die russische Küche beeinflusst. Das Schaschlik gehört ebenso wie das Borschtsch dazu. Nach dem Essen gibt es die Kiisseli – ein Dessert aus eingedickter Frucht.

Sollten Sie eine Allergie gegen Laktose haben, sollten Sie dieses im Restaurant sagen, da in Finnland viel Milch zu den Speisen verwandt wird.

Zur Milch und zum Wasser wird in Finnland auch sehr gerne und sehr viel Alkohol getrunken. Der Verbrauch beträgt pro Jahr und pro Einwohner durchschnittlich 9-11 Liter reinen Alkohols. Das entspricht einer Gesamtmenge von ca. 600 Flaschen Bier.

In Restaurants sind Trinkgelder im Preis mit inbegriffen. Diese betragen im Durchschnitt zwischen 10 und 15%.

Auch in Finnland wird solange gewartet, bis die Gastgeberin oder ihr Gastgeber ihnen einen Sitzplatz anbietet. Das gilt für das Essen, ebenso für Geschäftsbesprechungen oder andere Anlässe.

Der Gastgeber lädt Sie, nachdem Sie Platz genommen haben zum Speisen ein. Diese Vorgehensweise empfehle ich ihnen auch, wenn Sie einen Finnen in Deutschland zum Essen einladen. Sobald das Essen beendet ist, sollten Sie die Dame des Hauses fragen, ob Sie beim Abräumen behilflich sein dürfen.

Wenn Sie beim Essen um Salz oder Pfeffer gebeten werden, dann reichen Sie dieses hinüber und stellen es vor der fragenden Person ab. Warten Sie bitte nicht, dass ihr gegenüber es ihnen aus der Hand nimmt. Das wird als unangenehm betrachtet.

Wenn ihre Gastgeber Ihnen einen Nachschlag anbieten, sollten Sie dieses annehmen. Sollten Sie gesättigt sein, können Sie ihrer Gastgeberin sagen, dass Sie einen kleinen Nachschlag haben wollen. Den Nachschlag sollten Sie aufessen. Alles andere wäre sehr unhöflich.

Gegessen wird ausschließlich mit Messer und Gabel. Selbst angebotenes Obst wird mit Besteck gegessen. Das einzige was Sie mit den Händen aufnehmen und Essen dürfen sind Shrimps und Brot.

Geschäftliches

Die Finnen sind sehr Strebsam und arbeiten mit Vorliebe alleine.

Das Geschäftsleben in Finnland ist sehr gut strukturiert und grundsätzlich nach einem festen Zeitplan effizient geregelt. Gehen Sie bei einem Geschäftstreffen davon aus, dass feste Termine vorliegen und der Zeitplan strikt eingehalten wird.

Geschäftstermine werden in den späten Vormittag oder den frühen Nachmittag gelegt, können aber auch zu anderen Zeitpunkten stattfinden.

Nach erfolgreichem Geschäftsgespräch, kann es sein das Sie in eine finnische Sauna eingeladen werden. Nehmen Sie diese Einladung unbedingt an. Eine bessere Möglichkeit, ihre finnischen Geschäftspartner auch privat kennen zu lernen gibt es nicht.

Dresscode

In Finnland wird das lockere Outfit nicht als negativ angesehen. Im Geschäftsleben ist es normal, ohne Krawatte und in Jeans im Geschäftsleben zu bestehen.

Sie sollten jedoch zu einem ersten offiziellen Treffen mit finnischen Geschäftsleuten den in Europa allgemein üblichen Dresscode wahren und sich im Anzug mit Krawatte vorbildlich präsentieren.

Wenn Sie bei ihrem Treffen feststellen, dass Ihre Gesprächspartner locker gekleidet sind, können Sie fragen, ob Sie die Krawatte ablegen dürfen. Anschließend öffnen Sie den obersten Knopf ihres Hemdes und entledigen sich ihrer Jacke.

Die Damen tragen dezente, neutrale modisch geschnittene Kleidung, mit einigen dezenten Schmuckaccessoires.

Wenn Sie einen Rock tragen, sollten die Knie bedeckt sein und die Absatzhöhe der Schuhe sollte 5cm nicht überschreiten.

Auch bei den Damen gilt: Nach den ersten Gesprächen, darf durchaus auch eine Jeans getragen werden.

Kulturelles und Gesprächsthemen

Das kulturelle Leben ist in Finnland recht gut ausgeprägt. Den größten Stellenwert nehmen hierbei die Bibliotheken mit ihrem kostenfreien Internetzugang ein. Hierzu bedarf es der Vorlage eines Bibliotheksausweises aber auch hier sind die Finnen sehr großzügig und stellen Gästen gerne einen vorübergehend gültigen Ausweis aus.

Die vielen Bibliotheken in Finnland und insbesondere in Helsinki sind beliebte Anlaufpunkte.

Hier können Sie erfahren, das Finnland in den Bereichen Kunst & Kultur, Architektur, Lyrik Literatur, etc. seinen europäischen Partnern in keiner Weise nachsteht.

Sehr bekannte Designer, Autoren, Bildhauer etc. die International bekannt sind, bereichern das finnische Schaffen. Hierzu zählen z.B. der Bildhauer Wäinö Aaltonen, die Autorin Anni Blompuist, die Designerin Paola Suhonen und viele andere. Insbesondere sind die finnischen Werbespots für ihren ungewöhnlichen, teils „ulkig" anmutenden Humor bekannt.

Wenn Sie sich innerhalb dieser Themen ein wenig auskennen, wird es ein leichtes sein, einen guten Gesprächseinstieg zu finden.

Tabus

Finnland ist ein Land ohne viele Tabus, doch gibt es auch hier Themen die Sie besser nicht ansprechen sollten. Auch gibt es Dinge, die Sie wissen sollten.

So ist es in Finnland nicht üblich, mit Fremden in eine gemischte Sauna zu gehen. Wenn Sie allerdings von finnischen Geschäftsleuten zu einem Saunabesuch eingeladen werden, sollten Sie dieser Einladung unbedingt nachkommen. Eine ablehnende Haltung ist eine Beleidigung. Außerdem fördert ein Saunabesuch das Gemeinschaftsgefühl zwischen ihnen und festigt die Zusammengehörigkeit. Sollten Sie aus ernstzunehmenden gesundheitlichen Gründen an einem Saunabesuch nicht teilnehmen können, wird das von den Finnen akzeptiert. Beim Saunabesuch unterhält sich der Finne gerne über Gesundheit, Musik, Kultur, Essen etc., allerdings niemals über Geschäftliches.

Ein weit verbreitetes Tabuthema in Finnland ist der Alkoholkonsum. Der übermäßige Alkoholgenuss ist in Finnland ein von den Behörden verifiziertes Problem. Momentan sind 16% der Todesfälle in Finnland auf den enormen Verzehr von Alkohol zurückzuführen. Sprechen Sie also nicht den Alkoholkonsum in Finnland an. Das könnte zu verschiedenen Auffassungen zwischen Ihnen und ihren finnischen Geschäftspartnern führen.

Des weiteren sollten Sie wissen, dass Sie eine Finnen niemals mit einem Schweden verwechseln oder Skandinaviern vergleichen. Zwar wird Finnland durch seine geografische Lage und der historischen Gemeinsamkeit zu Skandinavien gezählt, wird aber auf der anderen Seite von den Finnen als solche nicht angesehen.

Sonstiges

Die Finnen mögen Menschen die Demütig und Bescheiden auftreten. Vermeiden Sie also das aufzählen von persönlichen Erfolgen und das zur Schau stellen von Wohlstand.

Erscheinen Sie zu den ausgesprochenen Einladungen immer pünktlich. Als Gastgeschenk bringen Sie einen Blumenstrauss für die Dame und eine Flasche guten Wein für den Hausherrn mit. Wenn Sie die Blumen bei einem örtlichen Floristen ordern, wird dieser schon auf einen angemessenen Umfang achten. Ansonsten gelten folgende Regeln:

1. Keine gerade Anzahl bei den Blumen.
2. Topfpflanzen werden nicht verschenkt.
3. Keine gelben und weißen Blumen.

Wenn Sie zu einem privaten Anlass eingeladen werden, hinterfragen Sie bitte ob Sie etwas zum Essen mitbringen sollen. Das ist durchaus üblich.

In Finnland wird ausschließlich links überholt. Es besteht Anschnallpflicht für alle Insassen und grundsätzlich wird zu jeder Tageszeit mit Abblendlicht gefahren.

„Elch kreuzt Fahrbahn" - Rentiere und Elche überqueren die Fahrbahnen sehr häufig bei Einbruch der Dämmerung. Wenn Sie ein solches Wildtier anfahren, müssen Sie dieses der nächsten Dienststelle (Notrufnummer 112) melden.

In Finnland liegt die Alkoholgrenze am Steuer bei 0,5 Promille. Bei Überschreitung dieses Grenzwertes drohen nicht nur Geld- sondern auch Haftstrafen.

EU - Beitritt	1995
Staatsform	Republik
Hauptstadt	Helsinki
Fläche	338 000 km²
Bevölkerung	5,2 Millionen
Währung	Euro

Botschaft der Bundesrepublik Deutschland
Krogiuksentie 4
00340 Helsinki
Tel.: 0358 / 9. 458 58 0 Zentrale
Fax: 0358 / 9. 458 58 258 Zentrale

Botschaft von Finnland in Berlin
Rauchstrasse 1
10787 Berlin
Tel.: 0049 / 30.50 50 30
Fax.: 0049 / 30.50 50 33 33

Frankreich

Begrüßung und Kommunikation

Frankreich ist das Land der unterschiedlichen Begrüßungsformen- und rituale. Schließlich gibt es mehr als eine Möglichkeit der Begrüßung. Und das kommt immer darauf an, wie gut Sie ihr Gegenüber kennen.

Normalerweise begrüßen sie ihren Gegenüber grundsätzlich mit einem Handschlag. Die Hände werden dabei nach Möglichkeit und in der Regel nicht geschüttelt. Dieses ist die formelle Begrüßung.

Wenn sie sich schon ein wenig besser kennen gelernt haben, werden Sie in Frankreich mit einem angedeuteten Kuss auf die Wange begrüßt. Bitte pressen Sie dabei nicht ihre Lippen auf die Wange ihres Gegenüber. Es ist eher ein leichtes gegenseitiges Berühren der Wangen. Begonnen wird immer mit der linken Wange.

Allerdings ist die Anzahl der in die Luft „gehauchten" Küsse auch von der Region abhängig. Beobachten Sie und machen Sie es den anderen nach. Wenn Sie definitiv nicht weiterkommen, sollten Sie ihren Dolmetscher fragen. Dolmetscher die auch aus Frankreich stammen sind gewiss von großem Vorteil, denn kennen sich mit den Ritualen sehr gut aus.

Höfliche Umgangsformen sind in Frankreich willkommen. Das gilt vor allem für die ältere Generation. Ein Franzose mag es nicht, ohne Nachfrage auf Englisch angesprochen oder begrüßt zu werden. Pluspunkte können Sie sammeln, wenn Sie ihre französischen Geschäftspartner auf Französisch begrüßen. Nach der ersten Begrüßung dürfen Sie dann auf Anfrage in Englisch kommunizieren.

Persönlichkeiten die in Hierarchie und Autorität über Ihnen stehen, werden mit der Berufsbezeichnung und / oder Titel angesprochen. Es gehört z. B. in Frankreich gehört zur Normalität, die Berufsbezeichnung und den Titel auf einer Visitenkarte abzudrucken. Wenn Sie geschäftliche Treffen in Frankreich haben, sollten Sie sich vorher über den Status ihrer eventuellen Geschäftspartner informieren. Hier ist ein Fauxpas mit einer geschäftlichen Bremse zu verstehen.

Bei der Vorstellungszeremonie verzichten Sie auf die Bezeichnung von Titeln und Berufsbezeichnungen. Das übernimmt ihr französischer Gesprächspartner.

Die Franzosen gehen mit der Bezeichnung „Du" sehr sparsam um. Das „Du" wird ausschließlich nur den Menschen angeboten, zu denen man freundschaftliche Gefühle aufgebaut hat. Das kann sich erst langsam über Jahre hinweg aufbauen.

Auf Formulierungen wie „Salut", „Hallo" oder „Tschüssi" und „Fürti" etc. ist tunlichst zu verzichten. Begrüßt wird ausschließlich mit „Bonjour" oder „Bonsoir" und Nachnamen.

Also: „Bonjour Mademoiselle Baffour"

Das selbige gilt auch bei der Verneinung und der Zustimmung.

Also: „Non, Monsieur Runné"

Bei Namen mit Titeln kommt der Vorbau, der Titel und dann der Nachname.

Also: „Bonsoir, Comtesse de Voltaire"

Einen Hut nehmen Sie bitte bei der Begrüßung ab. Handschuhe legen Sie bitte bei der Begrüßung auch ab. Weiterhin wird bei der Begrüßung von Damen erwartet, sich zu umarmen und auf die Wange zu küssen. Dieses ist selbstverständlich nicht immer der Fall. Bei Damen der Upperclass wird ein angedeuteter Handkuss erwartet.

Französische Anreden:

Herr	Monsieur
Frau	Madame
Ehefrau	Femme
Fräulein	Mademoiselle

Hier noch einige Hilfestellungen:

Guten Tag / Morgen	Bonjour
Guten Abend	Bonsoir
Auf Wiedersehen	Näkemiin
Danke ! / Bitte !	Au revoir
Bitte-um etwas bitten	Demander qc.
Entschuldigung	Excuse
Ja ! / Nein !	Oui / Non
Achtung ! / Hilfe !	Attention / Aide
Frankreich	France
Deutschland	Allemagne
Pension / Hotel	Pension / Hôtel
Cvamping- / Zeltplatz	Terrain de Camping
Fahrrad	Bicyclette
Wasser / Milch	Eau / Lait
Taxi	Taxi

Speisen und Getränke

Die französische Esskultur und -etikette genießt Weltweit einen hervorragenden Ruf. Schon allein aus diesem Grunde ist es wichtig, sich mit diesen Eckpfeilern französischer Kultur auseinanderzusetzen.

Bevor wir auf die gute Küche und die Weine eingehen, sollten Sie ihr Augenmerk auf folgende Punkte richten.

Wenn Sie in einem Restaurant speisen, müssen Sie unabhängig von der Struktur und Größe des Restaurants sich einen Platz durch einen „Garçon" *m.*, eine(n) Serveuse *f.* / „*Serveur*" *m.* oder eine(n) Cellérière *f.* / „Cellérier" *m.* zuweisen lassen.

Wenn Sie zu einem Geschäftsessen eingeladen sind, beginnt man nicht mit dem Essen, bevor nicht alle am Tisch sitzen und der Gastgeber eröffnet. Für den Service am Tisch sorgen in 4 oder 5 Sterne Restaurants Bedienstete. Den aufmerksamen Augen eines Garçons sollte nichts entgehen. Sollte es dennoch vorkommen, dass etwas nicht zu ihrer Zufriedenheit sein sollte, wird unauffällig Blickkontakt mit dem Garçon aufgenommen.

Sollte Personal nicht am Tisch zur Verfügung

stehen, sollten Sie wenn Sie sich Wein nachschenken wollen, immer zuerst die anderen Gäste am Tisch fragen ob Bedarf besteht.

Zu fasst jeder Speise in Frankreich gibt es Brot als Beilage, welches entweder auf den Tellerrand gelegt oder in einem Brotkorb auf den Tisch gestellt wird. Da Brot in Frankreich zu den Grundnahrungsmitteln zählt, wird es nach Anbruch, aufgegessen. Beissen Sie das Brot nicht an. Es wird immer in kleine Stücke gebrochen.

Der Umfang der Speisen, sollte so gewählt werden, dass Sie die Portion auch bewältigen können. Den in Europa sonst Geltung findenden „Anstandshappen" müssen Sie nicht liegen lassen. Eine Kleinigkeit an Rest sollte genügen, den Gastgeber zufrieden zu stellen. Wenn Sie sich nicht sicher sind, Essen Sie bewusst langsam und beobachten ihre Tischnachbarn, während Sie über die exquisiten Weine Frankreichs Konversation betreiben. Wenn Sie keine Ahnung von Wein haben, fragen Sie ihre Gastgeber, welches die Weine sind, die vor Ort angebaut werden. Solch eine Frage eröffnet normalerweise eine interessante Konversation.

Geflügel als Ganzes und auch die Schenkel werden in Frankreich immer mit Messer und

Gabel gegessen, genau so die verschiedenen Arten von Käse. Käsesorten wie den Brie oder andere mit zulaufender Spitze, werden nicht von der Spitze her angeschnitten. Das wird nicht gerne gesehen.

Sofern Sie einen Salat bestellen oder dieser zum Essen gereicht wird, werden die Blätter des Salats niemals zerschnitten, sondern mit der Gabel gefaltet. Das Küchenpersonal eines guten Restaurants wird besonderes Augenmerk darauf richten, dass die Salatblätter auch faltbar sind und nicht die ganzen Blätter eines Kopfes auf dem Teller liegen. Sollte solch ein ganzes Blatt auf dem Teller liegen, ist es normalerweise Dekoration.

Während des Essens behalten Sie ihre Hände bitte an der Tischkante des Tisches. Die Ellbogen bitte nicht auf dem Tisch ablegen, oder unter dem Tisch „verstecken".

Bei der Auswahl des Weines sollten Sie darauf achten einen französischen Wein auszuwählen und diesen während des Essens zu loben. Achten Sie bitte hierbei darauf, nicht in Euphorie und übertriebene Freude zu verfallen. Das selbe Verhältnis gilt auch beim Loben der Speisen.

Wenn das Essen beendet ist, legen Sie bitte Messer und Gabel parallel zueinander auf den

Teller. Stoffservietten gehören salopp gefaltet an den Tellerrand, ohne das diese Speisereste berührt. Wenn Sie ein schneller Esser sind, sollten Sie versuchen entweder zur gleichen Zeit mit ihrem Geschäftspartner das Essen zu beenden, oder bei größeren gesellschaftlichen Anlässen, zwei bis drei Personen zu suchen, mit denen Sie das Speisen gemeinsam beenden können. Es ist nicht sehr schön, wenn einige auf die anderen warten müssen.

Mancherorts wird nach dem Essen noch ein Glas Wein getrunken oder ein Kaffee bestellt. Erkundigen Sie sich bei ihrem Dolmetscher oder bei Personen ihres Vertrauens über die regionalen Gegebenheiten.

Sofern Sie nun eine französische Spezialität erwarten, muss ich Sie leider enttäuschen. Jede Region in Frankreich hat ihre Spezialität und ihren exquisiten Wein. Ob Sie nun den Coq au vin, die Entrecote, den Elsässer Flammenkuchen oder Poisson cru à la Tahitienne aus Französisch Polynesien probieren, in Frankreich ist für jeden Geschmack etwas dabei.

Geschäftliches

Sobald Sie in eine Geschäftsbesprechung kommen, begrüßen Sie alle Teilnehmer mit

Handschlag, Status und Titel. Sollte Ihnen in Kontakten früher das „Du" angeboten worden sein, dürfen Sie es natürlich verwenden.

Die Begrüßung sollte ausschließlich auf Französisch erfolgen. Wenn bekannt ist, dass Sie der französischen Sprache nicht mächtig sind, haben Sie höchstwahrscheinlich einen Dolmetscher dabei oder werden sich mit ihren Gesprächspartnern auf Englisch unterhalten. Beachten Sie jedoch, dass außerhalb von Paris kaum Geschäftspartner mit Ihnen Englisch sprechen werden. Sofern Sie ein wenig Französisch beherrschen, wird man das sehr wohlwollend registrieren. Beachten Sie bitte, dass die Franzosen zwar alles mit einer sehr blumigen Sprache regeln, aber dennoch sehr großen Wert auf eine richtige Schreibweise mit keinen Rechtschreibfehlern achten.

Das Geschäftsleben in Frankreich ist flexibel geregelt. Es liegen zwar immer feste Termine vor, aber der Zeitplan wird in den seltensten Fällen eingehalten. Teilweise werden ganze Planungen von Meetings umgeworfen und binnen von 10 Minuten ein neuer Plan erstellt. Zwar sollten Sie grundsätzlich pünktlich zu geschäftlichen Besprechungen erscheinen, doch von ihren Gesprächspartnern sollten Sie dieses jedoch nicht erwarten. Planen Sie deshalb mehr Zeit für eine Besprechung ein, als in der Planung vorgesehen ist.

Wenn Sie zu einem ausschließlich privaten Termin eingeladen werden, sollten Sie immer die akademischen 15 Minuten (besser 30 Minuten) ausnutzen, um den Gastgeber durch ein allzu pünktliches Erscheinen nicht aus der Ruhe zu bringen. Man verspätet sich gern.

Geschäftstermine werden über den gesamten Arbeitstag hinweg gelegt und sind keinen besonderen Regelungen unterworfen.

Beachten Sie bitte, dass bei einem Essen einer die Gesamtrechnung übernimmt und die Kosten danach untereinander aufgeteilt werden. Zwar ist in der Rechnung ein Trinkgeld eingerechnet, aber es kann bei einem vorbildlichen Service nicht Schaden 5 - 10% Prozent der Rechnung zusätzlich auf dem Tisch liegen zu lassen. Beim gemeinsamen Essen, wird das eigentliche Geschäft erst nach dem Essen beim Kaffee angesprochen.

Dresscode

Trotz der etwas lockeren Umgangsweise mit den Terminen, legen die Franzosen Wert auf ein gepflegtes äußeres Erscheinungsbild. Zu einem offiziellen geschäftlichen Treffen mit französischen Geschäftsleuten wahren Sie

bitte den allgemein üblichen Dresscode.
Bei Anlässen auf Staatsebene sind Sie pünktlich und auf das Vorbildlichste gekleidet. Solche vergebenen Termine werden niemals verschoben oder verlegt.

Die Kleidung ist von außerordentlich hoher Qualität und Güte. Der Anzug oder das Kostüm müssen passgenau sein. Locker sitzende Kleidung wird als unpassend und ungeschickt angesehen. Die vorrangigen Farben sind hier: Schwarz, Grau oder Dunkelblau. Wahlweise mit sehr feinen Nadelstreifen. Auf auffälligen Schmuck oder anderes Accessoire ist zu verzichten.

Damen tragen dezent modisch geschnittene Kleider oder Kostüme, kombiniert mit erlesen auserwähltem Accessoire.

Kulturelles und Gesprächsthemen

Frankreich hat Kulturell vieles zu bieten. Kunst, Literatur, Musik, Film, Theater und vieles andere. Alles zu beherrschen wäre unmöglich, doch sollten Sie sich unbedingt mit den aktuellen Zeitgeistern der französischen Kultur auseinandersetzen.

Verletzen Sie niemals den Nationalstolz der Franzosen oder Kritisieren deren Lebens-,

Kultur- und Verhaltensweisen. Frankreichs Kulturerbe steht vor allem wirtschaftlichem Erfolg und jedem noch so gewinnbringendem Geschäft. Jegliche Zuwiderhandlung gegen diese Grundregeln, stellt einen Fauxpas dar, der den Abbruch geschäftlicher Verbindungen mit sich bringen würde.

Politische Konversation in Frankreich ist mit größter Vorsicht zu geniessen und könnte bedeuten, mit einer brennenden Fackel an einem Fass mit Schwarzpulver zu spielen. Konversation über die herrschende USA-Feindlichkeit, Korsika, das alte Europa oder über die Weltkriege zu führen ist nicht sinnvoll. Bevorzugen Sie Kultur oder Unverbindliches, wie z. B. das gute französische Essen und den Wein.

Tabus

Frankreich ist ein Land der Kultur, und so gibt es auch hier Themen die Sie besser nicht ansprechen sollten.

Sprechen Sie in Frankreich niemals einen Gesprächspartner, unabhängig von der Zeitspanne die sie sich kennen, auf den Verdienst an. Sie werden feststellen, dass der Verdienst einer Person von der sozialen Herkunft oder der Ausbildung abgeleitet wird.

Weiterhin fragen Sie bitte einen Franzosen niemals nach dessen Beruf. Das ist für einen Franzosen sehr aufdringlich und unhöflich.

Ein weit verbreiteter Fauxpas in Frankreich ist das Verwechseln der Bildungsinstitute. Es gibt die Universitäten und die Grand écoles. Die Kaderschmieden zu denen Frankreichs führende Köpfe gehören, stammen aus den Grand écoles. Eine Verwechslung beider Institutionen in einem Gespräch ist ein enormer Fauxpas. Am besten unterlassen Sie fragen wie: „An welcher Universität haben Sie studiert?" oder andere jegliche Äußerungen, sofern Sie sich nicht damit auskennen. Sollten Sie dennoch den Fehler begehen, so entschuldigen Sie sich dafür (sofern Sie ihren Fehler bemerken).

Machen Sie sich nicht über die französische Kultur lustig und schlagen Sie niemals eine Einladung zum Essen ab.

Politische Themen sind während eines geschäftlichen Termins nicht angebracht. Man erwartet von Ihnen unverbindliches. Vielleicht ein wenig Konversation über die eigene Heimatstadt oder eine interessante Messe auf der Sie waren.

Sonstiges

Wenn man in Frankreich zu einem privaten Essen eingeladen wird, ist es sehr der Dame und dem Herrn des Hauses eine kleine Aufmerksamkeit mitzubringen. Auf rote Rosen und auf den Wein verzichten, wenn Sie die Dame nicht in eine verfängliche Situation und den Herrn nicht beleidigen wollen. Rote Rosen sind in Frankreich immer noch ein Zeichen von Liebe für die andere Person. Mit der Flasche Wein signalisieren Sie, dass der Hausherr nicht in der Lage ist, einen guten Wein anzubieten, und das im Land der Weine.

Zwei Ausnahmen gibt es jedoch dabei. Die erste ist, dass der Wein einmal unbedingt probiert werden soll und das am besten um die Meinung des Hausherrn zu erfragen. Die zweite Ausnahme ist, dass Sie einen ausgezeichneten Wein aus ihrer Heimatstadt oder ihrem Heimatland mitbringen, doch ist diese zweite Ausnahme sehr fraglich. Es könnte als Kränkung aufgefasst werden, da Sie eventuell unterstellen würden, dass der Wein, den Sie aus der „Fremde" mitbringen, besser als die Einheimischen sind.

Die besten Präsente sind immer noch das Buch, oder wenn Sie von den Leidenschaften ihres Gastgebers wissen, diesem etwas aus diesem Themenbereich mitzubringen.

Bei der Blumenauswahl sollten Sie auf Chrysanthemen verzichten, da diese nur zu traurigen Anlässen überreicht werden.

Weiterhin sind auf Mitbringsel rund um den Küchenhaushalt zu verzichten. Es sei den, Sie wollen die soziale Stellung der Frau in Frage stellen.

Nachdem Sie nun das Haus ihres Gastgebers betreten haben, fragen Sie diesen ob Sie ihren Mantel ablegen dürfen, wenn dieser es nicht schon selber angeboten hat. Bei regnerischem Wetter können Sie auch ihren Gastgeber fragen, ob Sie ihre Schuhe ausziehen sollen. Um eventuellen Unannehmlichkeiten vorzubeugen, gibt es speziell für solche Anlässe Überzieher aus Plastik, die man sich über die nassen Schuhe ziehen kann. Den offenen Regenschirm machen Sie bitte sofort nach betreten des Hauses zu und stellen diesen vor die Tür, sofern kein spezielles Behältnis dafür angeboten wird um die Nässe aufzufangen. Ansonsten könnte man dieses als schlechtes Omen ansehen, da ein offener Regenschirm im Hause, wie der Hut auf dem Bett oder der Schuh auf dem Tisch Zank hervorruft.

EU - Beitritt	Gründungsmitglied
Staatsform	Republik
Hauptstadt	Paris
Fläche	550 000 km²
Bevölkerung	59,8 Millionen
Währung	Euro

Botschaft der Bundesrepublik Deutschland
13/15 avenue Franklin D. Roosevelt
75008 Paris
Tel.: 0033 / 1.53 83 45 00 Zentrale
Fax: 0033 / 1.43 59 74 18 Zentrale

Französische Botschaft in Berlin
Pariser Platz 5
10117 Berlin
Tel.: 0049 / 30.590 03 90 00
Fax.: 0049 / 69.79 50 960 (Abteilung für Visa)

Griechenland

<u>Begrüßung und Kommunikation</u>

Griechenland, ein Land voller wundersamer Geschichten, der Mythologie und Götter. Zeus, Hermes und Athene haben alles im Blick und sorgen für das Wohlergehen ihres Volkes.

Das Land der Antike hat zur Begrüßung keine allzu speziellen Umgangsformen und Riten, die Sie beachten müssen. Die Begrüßung wird so wie in Deutschland üblich mit Händeschütteln durchgeführt.

Sollten Sie sich schon ein wenig besser kennen gelernt haben, werden Sie auch sehr gerne mit einer Umarmung begrüßt. Dabei kann es wie in den übrigen südlichen Ländern auch vorkommen, dass Sie mit einem Kuss auf die Wange begrüßt werden. Dabei küssen Sie nicht direkt die Wange ihres gegenüber, sondern touchieren diese mit ihrer Wange.

Bei der Anrede wird wie im Deutschen auch differenziert, zwischen dem „Du" und dem „Sie". Sie benutzen bitte so lange die „Sie"-Form, bis Ihnen das „Du" angeboten wird. Das dauert in der Regel nicht lange, wenn sich beide Partner auf einer Ebene aufhalten.

Bei Würdenträgern, Amtsträgern oder Trägern von akademischen Titeln, wird der Titel bei der Begrüßung mit verwendet. So z. B. wie „Guten Morgen Frau Professor *Name*", oder „Guten Tag Herr Bürgermeister *Name*".

Bei der Verabschiedung von Trägern von Titeln gehen Sie genau wie bei der Begrüßung vor. So z. B. wie „Auf Wiedersehen Frau Professor *Name*", oder „Auf Wiedersehen Herr Bürgermeister *Name*".

Griechische Anreden:

Herr	Kyrie
Frau	Kyria
Ehefrau	Yineka

Hier noch einige Hilfestellungen:

Guten Tag / Morgen	Kalimèra
Guten Abend	Kalispèra
Gute Nacht	Kalinìkta
Auf Wiedersehen	Jassas
Danke !	Efharistò
Bitte !	Parakalò

Bank	Tràpeza
Entschuldigung	Sighnòmi
Ja ! / Nein !	Nè / O`khi
Hilfe !	Voithia
Griechenland	Ellada
Deutschland	Germania
Hotel	Ksenodhokhio
Camping- / Zeltplatz	Kataskinosi
Fahrrad	Podilato
Wasser / Milch	Nerò / Ghàla
Taxi	Taksi

Speisen und Getränke

Eine gepflegte Umgangsform wird in einem griechischen Restaurant vorausgesetzt. Wenn Sie ein Restaurant betreten warten Sie bitte, bis der Kellner entweder ihnen und ihrer Begleitung einen Tisch zuweist oder sie an einen Tisch führt.

Bei der Auswahl des Tisches dürfen Sie selbstverständlich bestimmen, sofern Ihnen der Vorschlag des Kellners nicht zusagt. Das kann vorkommen, wenn Sie ein geschäftliches Gespräch zu führen haben und der Kellner Sie in einen sehr lautstarken Bereich leitet.

Ansonsten gelten beim Speisen und Trinken immer die selben Regeln, wie in allen gehobenen Restaurants. Bevor Sie sich selber etwas an Getränken einschenken, fragen Sie ihre Begleiter am Tisch, ob diese auch etwas wünschen.

Es gilt als sehr unhöflich, Personal durch klatschen in die Hände oder Zurufen auf sich aufmerksam zu machen. Genauso, wie Sie ohne anzufragen, Tische oder Stühle verrücken sollten. Hier gehört es sich, dem Kellner ein Signal zu geben, damit dieser gegebenenfalls Tische zusammenzustellen und die Stühle an den richtigen Stellen platzieren kann. Nichts ist schlimmer, als wenn Ignoranz und Stammtischbrauchtum sich in einem fremden Land paaren.

Eines der wohl bekanntesten aber auch im Verbrauch merklich abnehmenden Weine ist der Retsina, welche sich aus dem Begriff „Rezine" (Harz) ableitet. Wie der Name schon sagt, ist dieser für seinen sehr harzigen Geschmack bekannt. Es gibt diesen als Weiß-, Rosé- und Rotwein. In der Antike wurden die Weinamphoren oder Schläuche aus Ziegenfell zum Zwecke der Haltbarkeit mit dem Harz der Aleppo–Kiefer abgedichtet. Diese Tradition hat sich bis heute gehalten, nur das der Wein heutzutage mit etwa 5%

Kieferharzstücken versetzt wird, die beim Abstich entnommen werden. Die wichtigste Rebsorte für die Produktion von Retsina ist die Savatiano-Rebe. Die bekanntesten Sorten sind der Weiße und der Rosé. Der Rote kommt sehr selten vor und wird aus den Mandilaria-Reben gewonnen.

In Griechenland ist nicht das in Deutschland allseits bekannte Gyros, welches ursprünglich aus der Türkei stammt und Döner heisst, das Nationalgericht. Griechenland hat zum Gyros und darüber hinaus ein sehr umfangreiches Repertoire an diversen sehr schmackhaften Speisen und anderen Köstlichkeiten.

Hierbei teilt sich die griechische Küche wie in vielen südländischen Ländern in verschiedene Bereiche auf. Als erstes gibt es eine reiche Auswahl an Vorspeisen. Hierbei gibt es verschiedene Arten von gebratenem Gemüse, Saucen, Fischen und Salaten.

Danach gibt es in der Regel eine Suppe. Hierbei ist wohl die bekannteste, die auch als Nationalgericht gezählt wird, die „Fassoulada" - eine Art dickere Bohnensuppe.

Sollten Sie sich über die Osterzeit und darüber hinweg in Griechenland aufhalten, kann es sein, dass Sie von ihrem Gastgeber die „Magiritsa" serviert bekommen. Diese

Suppe ist leicht gesäuert und beinhaltet außer Leber auch andere Innereien des Schafes. Diese Suppe wird hauptsächlich in der Osternacht und am darauf folgenden Tag serviert. Wenn Sie nun eine ablehnende Haltung gegenüber Innereien haben, könnte eine forsche oder mit einem Ausdruck von Ekel ausgesprochene Ablehnung beleidigend sein. Hierbei empfiehlt es sich dem Gastgeber mitzuteilen, dass Sie auf den Verzehr von Innereien verzichten möchten. Sie können das mit allergischen Reaktionen oder anderen gesundheitlichen Aspekten begründen.

Auch beim Hauptgericht mag und kann man nicht auf ein reichhaltiges Angebot an Gemüse verzichten. Hierbei sei besonders die „Jemista" erwähnt. Diese sind hauptsächlich mit Gemüse gefüllte Paprika oder große Fleischtomaten. Es gibt die „Jemista" auch mit Fleischfüllung. In einem guten Restaurant wird man auch die vegetarische Version führen.

Ansonsten gibt es in der griechischen Küche sehr viel Lamm-, Rind- und Schaffleisch. Aber auch Fisch und Meeresfrüchte sind auf jeder Speisekarte zu finden. Anzumerken ist, dass bei fasst allen Speisen Olivenöl verwendet wird.

Die in Griechenland vorzufindenden Nach- und Süßspeisen, sind nachweislich aus der byzantinischen Küche entnommen und haben starken arabischen und türkischen Charakter. Neben dem hausgemachten Eis und natürlich Obst in seinen verschiedenen Variationen, werden z. B. Baklavas, Kadaifi oder Chalvas angeboten. Baklavas ist ein äußerst dünn aufbereiteter Blätterteig, welche entweder mit Pistazien, Walnuss oder Haselnusssplittern gefüllt werden. Diese werden auf großen Platten gebacken und anschließend in Honigsirup oder warmem Zuckerwasser getränkt.

Das Kadaifi (auch „Engelshaar") besteht aus dünnen Teigfäden die auf einem heißen Backblech aufgebracht und gestockt werden. Danach werden diese mit diversen Nussarten oder Käse gefüllt. Die Variation mit der Käsefüllung wird hierbei „Künefe" genannt. Diese Nachspeise kann kalt sowie auch warm serviert werden.

Das Chalvas (türkisch „Helva") kann entweder aus Hartweizengries hergestellt werden oder aus Sesammus. Hinzu kommen anschließend Zucker, Honig, Pflanzenöl und Pistazien. Die Konsistenz ist fest aber brüchig.

Bei der Auswahl an alkoholischen Getränken gibt es in Griechenland eine recht gute Auswahl. Selbstverständlich übernimmt auch hier eine tragende Rolle der griechische Wein.

Aber auch verschiedene Sorten von Bieren, Einheimisches und Importiertes lassen selten Wünsche offen. Die bekannten Spirituosen sind der Ouzo, der Raki, der Metaxa, der Retsina, der Tsipouro. Nach dem Kaffee nimmt der Grieche gerne einen griechischen Kaffee (ursprünglich „Türkischer Mokka") zu sich.

Natürlich gibt es noch den Tee, den Café frappé oder den Neskafe (Instant Kaffee). Beachten Sie das in vielen Restaurants immer eine Flasche stilles Wasser auf den Tisch gestellt wird.

Geschäftliches

Sobald Sie in eine Geschäftsbesprechung kommen, begrüßen Sie alle Teilnehmer mit Handschlag, Status und Titel. Sollte Ihnen in Kontakten früher das „Du" angeboten worden sein, dürfen Sie es natürlich verwenden. Der obligatorische „Wangenkuss" kann dabei angebracht sein.

Das Geschäftsleben in Griechenland ist sehr flexibel geregelt. Auch wenn feste Termine vorliegen, sollten Sie sich nicht darauf verlassen, dass diese auch eingehalten werden. Das Meeting wird abgesagt und eine neue Terminvereinbarung ist nicht in Aussicht.

Wenn Sie Termine vereinbaren, so tun Sie dieses möglichst in den Geschäftsräumen des Geschäftspartners. Umso wahrscheinlicher ist es, dass Sie diesen auch wirklich antreffen. Angebracht in den Sommermonaten sind die Vormittagsstunden zwischen 10.00 und 11.30 Uhr. In den Nachmittagsstunden haben sich die Zeiten zwischen 14.00 und 17.00 Uhr als die Besten herauskristallisiert. In den Wintermonaten verschieben sich die Zeiten nach den Witterungsbedingungen. Uhrzeiten am Vormittag zwischen 10.00 und 13.30 Uhr und in den Nachmittagsstunden zwischen 15.00 und 19.00 Uhr sind hierbei sinnvoll. Es kann allerdings sein, dass insbesondere in den heissen Sommermonaten aufgrund der hohen Temperaturen, festzulegende Termine nach Möglichkeit in die Abendstunden gelegt werden. Gerne wird das auch mit einem Essen in einem Restaurant oder mit einem Snack und Kaffee in einem „Bistro" kombiniert.

Bieten Sie ihrem Gesprächspartner an, ihn mit dem Taxi abzuholen. Dadurch minimiert sich für Sie das Risiko, dass dieser den Termin vergisst oder ignoriert.

Überlegen Sie sich vorher, ob Sie ihren Partner einladen wollen, oder jeder seine Rechnung selber begleicht. Sollte jeder die Rechnung selber begleichen wollen, ist das dem Personal mitzuteilen. Eine nachträgliche Auflistung der einzelnen Posten ist mühselig und kostet unnötig Zeit. Das Trinkgeld beträgt in der Regel 5% des Rechnungsbetrages.

Geschäftliche Abschlüsse mit griechischen Geschäftsleuten, bedürfen grundsätzlich der schriftlichen Form. Hier ist die Quote der Irrläufer am geringsten, obwohl auch eine schriftliche Vereinbarung kein Garant dafür ist, dass dieses Geschäft zu Stande kommt. Vereinbarungen und Abmachungen, auch wenn diese schriftlich fixiert worden sind, werden unter bestimmten Umständen einfach ignoriert.

Ein Beispiel hierfür: Ein deutsches mittelständisches Unternehmen, spezialisiert auf Solar- und Windenergie, hatte sich angeboten ein begrenztes Kontingent an Solarzellen für einen bestimmten schriftlich vereinbarten Preis an einen griechischen Unternehmer auszuliefern. Es wurde eine schriftliche Vereinbarung getroffen. In dieser schriftlichen Vereinbarung wurde festgehalten, dass eine Vorabzahlung in Höhe von 10% auf ein Sperrkonto einzuzahlen ist. Durch die zeitliche Begrenzung die dem deutschen Unternehmen zur Verfügung stand, um diesen Auftrag erfolgreich beenden zu können, wurde die ursprünglich beidseitig geschlossene mündliche Absprache durch den deutschen

Repräsentanten schriftlich aus Griechenland per Fax an das deutsche Unternehmen erteilt. Das griechische Unternehmen versicherte mündlich und mit Handschlag, dass die ausstehende Summe unverzüglich auf das Sperrkonto eingezahlt wird.

Als das Geld nach einer Woche immer noch nicht auf dem Sperrkonto eingegangen war, entschied sich die deutsche Geschäftsführung in Griechenland anzurufen, um den Grund für die Verzögerung zu erfragen. Mittlerweile waren ca. 25% des Auftrages abgearbeitet.

Abgesehen davon, dass niemand von einem vergebenem Auftrag wusste, war auch der Geschäftsführer des Unternehmens nicht telefonisch erreichbar. Außerdem hätte sich die Geschäftsleitung sich vor kurzem für einen anderen Mitbewerber entschieden. Dieser hätte den Preis des deutschen Unternehmens um 2% unterboten.

Trotz des sofortigen Produktionsstopps und mehrfacher vergeblicher Telefonate nach Griechenland, musste das Geschäft nach einer gewissen Zeit als Verlust abgeschrieben werden. Auch in die Wege geleitete Vermittlungsgespräche scheiterten.

Grundsätzlich sei hierbei anzumerken, das nicht alle griechischen Geschäftsleute so unseriös und unzuverlässig sind. Jedoch möchte ich Ihnen den Ratschlag V.I.G.V.I.B. und N.B.I.W. mit auf den Weg geben.

„VERTRAUEN IST GUT, VERTRAG IST BESSER"
und
„NUR BARES IST WAHRES".

Dresscode

Wie mit der Einhaltung von Terminen, sind die Auflagen für den Dresscode nicht stringent. Sicherlich achtet man auch in Griechenland auf die Kleidung und die Etikette, doch ist diese nicht so extrem ausgeprägt wie in Deutschland. Zu heißen Sommertagen kann man das kurzärmlige Hemd mit offenem Kragen und im Winter gerne den Pullover darüber tragen. Sollten Sie dennoch als deutsche Geschäftspartner besonderen Wert auf ihr Äußeres legen, gilt natürlich die Regel der dunklen Kombination.

Damen tragen dezent modisch geschnittene Kleider oder Kostüme, kombiniert mit nicht besonders aufdringlichem Accessoire.

Natürlich sind auch in der griechischen Geschäftswelt weiße oder helle Socken nicht angebracht.

Kulturelles und Gesprächsthemen

Kulturell hat Griechenland enormes zu bieten. Insbesondere das antike Griechenland mit all ihren Mythen und Faszinationen, sind willkommene Gesprächsthemen auf jedem Meeting und bei fasst allen Treffen. Versuchen Sie sich ein wenig in die antike Geschichte einzulesen, damit Sie bei einigen Themen mitreden können. Da es in der Antike alleine schon über 130 wichtige und weit darüber weniger Wichtige Götter gibt, macht es wenig Sinn, sich damit auseinander zu setzen. Der Einfachheit halber sollen hier die 16 wichtigsten Götter erwähnt werden.

Zeus, Poseidon, Hera, Demeter, Apollon, Artemis, Athene, Ares, Aphrodite, Hermes, Hephaistos, Dionysos, Hestia, Hades, Persephone, Herakles und Hebe.

Die wichtigsten Götter hierunter sind: Zeus (Göttervater, der zuständig für Blitz, Donner und Luft ist), Poseidon (Gott des Meeres) und Hera (Göttin für Hochzeit, Mutterschaft und Geburt).

Diese sind gefolgt durch Demeter (Erdgöttin), Apollon (Poesie, Licht, Pest und Prophetie), Artemis (Göttin der Jagd und des Mondes), Athene (Weisheit, Schutzherrin für Ackerbau, der Helden, der Städte, der Wissenschaften und Künste, des weiblichen Handwerks, des Friedens und des (strategischen) Krieges. Gleichzeitig die Stadtgöttin Athens), Ares (Gott des Krieges und Schlachten), Aphrodite (Göttin der Liebe und Schönheit), Hermes (Gott des Handels, der Diebe, der Reisenden und Götterbote), Hephaistos (Gott des Feuers, der Vulkane, der Schmiedekunst und Architektur), Dionysos (Gott der Ekstase und des Weines) und Hestia (Göttin der Familieneintracht und des Herdes).

Hiernach kommen Hades (Herrscher der Unterwelt), Persephone (Die Königin der Unterwelt), Herakles (Beschirmer der Sportstätten und Paläste, Heil- und Orakelgott) und Hebe (Göttin der Jugend).

Außerhalb der Themen „Griechische Kultur, Essen und Trinken, die Antike, Gottheiten und Kunst", sollten Sie nach Möglichkeit politische Diskussionen vermeiden. Dieses könnte ungewollt zu recht hitzigen Debatten führen. Ebenfalls sollten Sie bitte den Staatsapparat, die Obrigkeit, die Kirche oder nationale Symbole nicht kritisieren oder verunglimpfen.

Beachten sie bitte, dass Sie private Besuche nicht ohne telefonische Vorankündigung und auch nicht zwischen 13.30 (14.00) und 16.30 (17.00) Uhr durchführen. Hier wird in der

Regel Gegessen und Mittagsschlaf gehalten. Wenn Sie eine Einladung zum Essen aus bestimmten Gründen ablehnen, wird man dieses akzeptieren, sofern Sie höflich einen alternativen Vorschlag unterbreiten. Wenn Sie mit Bus oder Bahn reisen, geniessen in Griechenland die Älteren einen besonderen Respekt. Grundsätzlich sollten Sie aufstehen und ihren Sitzplatz anbieten, sofern keine anderen Plätze mehr frei sind. Auch vor Schwangeren oder Frauen mit Kindern gebührt entsprechender Respekt.

Tabus

Die Griechen sind ein Volk der vielfachen Konversation. Sie unterhalten sich gerne und ausgiebig und scheuen auch nicht davor zurück ihr Gegenüber auszufragen. Wenn Sie damit Schwierigkeiten haben, stellen Sie die Fragen, die Sie interessieren. Die Griechen antworten genauso euphorisch wie sie selber fragen stellen.

Allerdings sollten Sie ihre Gesprächspartner nicht auf den Verdienst ansprechen. Solche Fragen obliegen der Familie oder den direkten Angehörigen.

Des weiteren mögen es die Griechen nicht, wenn man sich über die Kultur lustig macht oder die griechische Lebensart karikiert.

So sind auch wie bereits erwähnt, politische, kirchliche oder generell kritisierende Themen nicht angebracht. Unverbindliches über Kunst, Kultur und Antike sind angebracht. Gerne dürfen Sie auch die Städte, die Architektur, das Essen, die Weine, die Landschaft und die Lebensart der Griechen lobend erwähnen.

Sonstiges

Auch wenn in Griechenland 300 Sonnentage die Regel sind, ist das Nackt baden nur an besonders ausgewiesenen   Stellen erlaubt. Die Ausnahme bildet hierbei Mykonos, wo das Nackt baden fasst überall erlaubt ist.

Bei Besichtigungen in Klöstern und Kirchen, die in Griechenland sehr häufig anzutreffen sind, sollten bei Frauen und Männern unbedingt die Schultern bedeckt sein. Bei Frauen sind die Knie bedeckt zu halten, während die Männer lange Hosen tragen.

Die gespreizte Hand und das amerikanische „OK", wobei sich Zeigefinger und Daumen zu einem Ring formen, sind in Griechenland Obszönitäten und sollten von daher nicht verwandt werden.

Bei Einladungen in einen privaten Haushalt

nehmen Sie der Dame des Hauses einen bunten Blumenstrauß und dem Herrn des Hauses eine Flasche roten Retsina (wenn erhältlich), da dieser Wein sehr selten ist. Selbstverständlich tut es auch hierbei jeder andere qualitativ hochwertige griechische Wein. Achten Sie bitte nur darauf, dass es kein ausländischer Wein ist, da die Griechen sehr Stolz auf ihre Weine sind.

Fragen Sie die Dame oder den Herrn beim betreten des Hauses oder der Wohnung, ob Sie die Schuhe ausziehen sollen. In südlichen Ländern ist es normal die Straßenschuhe gegen Hausschuhe zu tauschen. Gäste erhalten normalerweise beim betreten der Räumlichkeiten Hausschuhe. Mancher Orts haben die Eigner eine Putzkraft, so dass sich das ablegen der Schuhe erübrigt, aber fragen ist auf jeden Fall immer Pflicht.

EU - Beitritt	1981
Staatsform	Republik
Hauptstadt	Athen
Fläche	131 957 km²
Bevölkerung	11,2 Millionen
Währung	Euro

Botschaft der Bundesrepublik Deutschland
Karaoli & Dimitriou 3
10675 Athen - Kolonaki
Tel.: 0030 / 210.72 85 111 Zentrale
Fax: 0030 / 210. 72 85 335 Zentrale

Griechische Botschaft in Berlin
Kurfürstenstrasse 130
10785 Berlin
Tel.: 0049 / 30.23 60 990
Fax.: 0049 / 30.23 60 99 20

Großbritannien

Begrüßung und Kommunikation

Mit Ausnahme von Spanien, gibt es in Europa kein anderes Land, welches sich so Stark im außereuropäischen Raum ausgebreitet und starken Einfluss genommen hat, wie England.

Bei der Begrüßung und der Kommunikation haben sich über die Jahrzehnte hinweg bestimmte Verhaltensweisen eingebracht.

So wird z. B. die Hand des Gegenüber bei der Begrüßung nicht freudig geschüttelt, sondern eher sanft und leicht auf und ab bewegt. Allerdings ist es von Gruppe zu Gruppe recht unterschiedlich. Während es bei einem persönlichen Termin unter Freunden und Bekannten üblich ist, sich nur beim ersten Zusammentreffen zur Begrüßung die Hand zu geben, kann es bei geschäftlichen Treffen üblich sein bei jeder Zusammenkunft sich zur Begrüßung die Hand geben zu müssen.

Die Engländer sind wahre Weltmeister des Small Talk. Ein geführtes Gespräch ohne eine klare Konkretisierung des Themas ist reiner Zeitvertreib und ist definitiv nicht ernst zu nehmen. Erst eine Konkretisierung mit Ort,

Zeit oder näherer Definition ist ein ernsthaftes Interesse. Ein kleines Beispiel hierfür:

Sie sind bei einem Seminar und in der Pause können Sie mit einem der Teilnehmer eines Seminars ein intensiveres Gespräch führen. Als Geste der Höflichkeit tauschen Sie ihre Visitenkarten untereinander aus. Am zweiten Tag des Seminars verbringen Sie wieder die Pause mit diesem Herrn, den Sie mittlerweile beim Vornamen ansprechen (Nennen wir ihn der Einfachheit halber „Robert"). Sie empfinden diese Zusammenkunft als herzlich. Am Ende des Seminars werden Sie von Robert eingeladen, bei Gelegenheit sich einmal zu einem Gespräch, bei ihm zu Hause auf einen Tee einzufinden. Sie freuen sich und versprechen ihm, dass das bestimmt einmal möglich sein wird. Nun ergibt es sich, dass Sie in zwei Tagen in der Gegend wo Robert wohnt, einen Termin haben. Sie erinnern sich an das sehr nette Gespräch und entschließen sich bei Robert, wie besprochen vorbei zu schauen. Angekommen, werden Sie allerdings von Robert nicht mit Freude empfangen, sondern eher mit einer kühlen Distanz. Er bittet Sie zwar herein, aber die Kühle ist deutlich spürbar.

Was ist passiert?

Engländer sind sehr höflich, aber auch sehr

oberflächlich. Für die Engländer gehört es zum „Small Talk Ritual" sich gegenseitig zu einem Tee oder was anderem einzuladen. Diese Einladungen werden in Abhängigkeit von der jeweiligen Situation ausgesprochen. Diese sind genauso schnell vergessen, wie Sie ausgesprochen worden sind. Solche Einladungen sind niemals ernst gemeint.

Anders sieht das aber aus, wenn eine Einladung folgend ausgesprochen wird: „Ich würde mich freuen, wenn wir uns an diesem Dienstag um 17.00 Uhr bei mir zu Hause zum Tee treffen." Diese Einladung ist durch Datum, Zeit und Ort konkretisiert und damit eine ernsthaft ausgesprochene Einladung.

Nur wirklich guten Freunden ist es vorbehalten, jederzeit auch ohne eine telefonische Vorankündigung zum Besuch zu erscheinen. Es gibt in England ein sehr schönes Sprichwort, welches mir meine lieben Unternehmerfreunde Anja und Urs Dobers aus Helmstedt (im übrigen auch wahre Englandkenner) mit auf den Weg gegeben haben. „The front door is closed, but the back door is open." Gute Freunde erscheinen durch den Garten und damit durch die hintere Haustür, die normalerweise gleich in die Küche des Hauses führt. Doch bitte beachten Sie, dass diese Hintertür wirklich nur sehr sehr guten Freunden vorbehalten ist.

Wenn Sie einen Engländer zum ersten Mal kennen lernen, wird man Sie mit einem „How do you do?" begrüßen. Diese Art der Begrüßung wird nur einmal durchgeführt. Als Antwort erhalten Sie in der Regel keine direkte Antwort auf Ihre Frage. Man wird Ihnen mit „How do you do?" antworten. Beim zweiten Treffen oder bei Bekannten gibt es anschließend das „How are you?" Das „How do you do?" wird dann nicht mehr verwendet.

Erwarten Sie nicht von jedem ihrer englischen Geschäftspartner bei jedem Zusammentreffen ein Händeschütteln, denn in England ist eher die berührungslose Begrüßung die Regel. Wenn Sie in einer Firma schon längere Zeit eingesetzt sind, reicht für gewöhnlich ein kurzer Blickkontakt und ein „Good morning / Good evening" etc.

Normalerweise wird man Ihnen das „Du" oder die Ansprache mit dem Vornamen relativ schnell anbieten. Doch solange Sie nicht mit dem Vornamen angesprochen werden, oder es Ihnen angeboten wird, sprechen Sie ihr Gegenüber nicht mit „Du" an.

Bitte beachten Sie, dass die Engländer sehr höflich sind. Diese höflichen Umgangsformen werden auch von ihnen erwartet. Sie sollten mit „Thank you" und „Please" sehr Inflationär umgehen. Wenn Sie z. B. etwas wünschen, beginnen Sie grundsätzlich mit einem „Please". Verwenden Sie das „Please" möglichst nicht am Ende einer Bitte, da es sich ansonsten wie eine bittende Aufforderung anhören könnte.

Die Engländer sind wie schon Eingangs erwähnt, in ihrer Gesprächsführung ein wenig oberflächlich. Sie sollten lernen zwischen den Zeilen zu Lesen und auf Mimik und Gestik ihres Gegenüber genau zu achten. Ein „Ohh... that´s very interessting" kann auch ein gemeintes „Hmm... ist in Ordnung" bedeuten. Erst das Zusammenspiel zwischen Aussage, Mimik und Gestik kann auf ein eventuelles wahres Interesse schließen lassen. Aber auch hierfür gibt es keine Garantie. Die Engländer sind genau so dubios wie ihr Wetter. Immer neblig und wenn mal die Sonne scheint, dann weiß man nicht für wie lange.

Englische Anreden:

Herr	Mister / Gentleman
Frau / Fräulein	Woman / Ms. (Miss)
gnädige Frau	Ma´am (Me´em)
Ehefrau	Wife

Hier noch einige Hilfestellungen:

Guten Tag / Morgen	Good afternoon / morning
Guten Tag	Good day
Guten Abend	Good evening
Gute Nacht	Good night
Auf Wiedersehen	goodbye
Danke !	Thank you
Bitte !	Please
um etwas bitten	to beg for something
Bank	Bank
Entschuldigung	Sorry / Excuse me
Ja ! / Nein !	Yes / No
Hilfe !	Help
England	England
Deutschland	Germany
Hotel	Hotel
Camping- / Zeltplatz	Campsite
Fahrrad	Bicycle
Wasser / Milch	Water / Milk
Taxi	Taxi / Cab

Speisen und Getränke

In einem englischen 4 Sterne Restaurant wird Höflichkeit und gute Etikette vorausgesetzt. Sobald Sie ein Restaurant betreten haben, gibt es zwei Möglichkeiten. Die erste: Sie haben reserviert. Dann warten Sie bitte am Eingang bis Sie angesprochen werden und ein Kellner Sie an ihren Tisch führt. Die zweite: Sie haben nicht reserviert. Dann müssen Sie auch warten und anfragen, ob es noch die Möglichkeit gibt einen freien Tisch zu bekommen. Wirklich sehr gute Restaurants, sind zumeist über Wochen ausgebucht, haben aber für Stammgäste immer ein oder zwei freie Tische, die dann ab einer bestimmten Uhrzeit anderen Gästen zugänglich gemacht werden, wenn dieses Kontingent nicht genutzt wird.

Ist das Restaurant noch nicht gut besucht, dürfen Sie bei der Auswahl des Tisches selbstverständlich bestimmen, sofern Ihnen der Tisch der Ihnen zugesprochen wurde nicht zusagt.

Auch in England gelten beim Speisen und Trinken die Regeln der Höflichkeit. Bei Getränken wird nachgefragt ob jemand etwas zu trinken wünscht, bevor Sie sich selbst einschenken.

Das Personal wird entweder durch Blickkontakt oder durch ein leichtes heben der Hand herbeigerufen. Auf jeden Fall sollten Sie lautes Zurufen oder das auch sehr gern beliebte in die Hände klatschen oder mit den Fingern schnippen unterlassen. Tische oder Stühle werden immer durch das Personal verrückt.

In England hat die internationale Küche längst Einzug gehalten und die minimalistische nationale Küche weitgehend von den Speisekarten verdrängt. Wenn wir hier überhaupt noch von einer nationalen Küche sprechen wollen, dann ist wohl die bekannteste Leibspeise eines Engländers „Fish and Chips". Dieses Gericht ist in England überall anzutreffen. Sie besteht aus frittierten Filetstücken vom Seelachs und frittierten Kartoffelscheiben. Dabei wird das Seelachsfilet in kleine mundgerechte Stücke zerschnitten. Die kleinen Seelachshäppchen werden in einen normalen Teig getaucht, wobei vorher steif geschlagener Eiweiß unter gerührt wird und in heißem Fett frittiert. Dazu gibt es frittierte Kartoffelscheiben.

Im eigentlichen Sinne ist dieses wohl eher als Snack oder Fastfood zu verstehen und wird dementsprechend auch wirklich an fasst jeder Straßenecke verkauft. Hierbei wickelt man die heiße Ware in Zeitungspapier und isst sie auch von der selbigen. Auf manchen Parkbänken sieht man Engländer, die während des Essens ihre Papiertüte aus Zeitungspapier nach interessantem Lesestoff durchsuchen.

Bei der Getränkeauswahl wird in England gerne und reichhaltig auf das Bier zurück gegriffen. Das Bier hat in England eine lange Brautradition und genauso lange wird es auch getrunken. Mittlerweile hat England und auch Wales nach Aufhebung der Sperrstunde ein ernstzunehmendes Problem mit johlenden Mädchen in Miniröcken und randalierenden Jugendlichen. Selbstverständlich gab es auch vorher Jugendliche, die sich vollkommen betrunken auf den Straßen herumgewälzt haben, doch scheint dieses Problem für einige Engländer zunehmend größer zu werden.

Beim Bier gibt es die „Pint" und die „Half a Pint". Das große und das kleine Glas. Es wird bei Keller-Temperatur serviert. Das Bier ist in verschiedenen Braustufen und Sorten erhältlich. Das am häufigsten konsumierte Bier ist „Bitter". Eine Weinkultur oder eine große Affinität zu Wein haben die Engländer nicht.

Natürlich gibt es dann noch den Tee und dieser spielt in England nun wirklich eine alles überrragende Rolle. Die in England übliche Teezeremonie um 17.00 Uhr ist jedem Engländer heilig und greift auf eine 200 Jahre währende Tradition zurück. Egal was auf dieser Welt passiert und wie erschreckend das auch sein mag, einem Engländer ist sein „Tea-Time" heilig. Es gibt sogar Geschichten, dass während des II. Weltkrieges Offiziere der englischen Armee die Frechheit der gegner nicht verstehen konnten, die Tea-Time nicht zu respektieren. Der Engländer hat in der Regel 4 Teezeiten. Aufgewacht wird mit dem „Early morning tea", dann gibt es zum Frühstück den „Breakfast tea", gefolgt von dem Tee zwischen Lunch und Dinner als „Afternoon tea" und zum Abendessen der Abschlusstee, der sogenannte „High tea". Der „Afternoon tea" ist auch der bekannte „Five o ´clock tea". Dazwischen, wer mag es einem verdenken, gilt es noch die eine oder andere Tasse Tee zu trinken. So will es auch nicht verwundern, dass die Engländer mit fasst 175 Millionen Tassen Tee zu den Weltmeistern des Teekonsums gehören.

Der „Five o´clock tea" wird grundsätzlich mit einigen Speisen eingenommen. Zu einem „Five o´clock tea" gehören Sandgebäck, das sogenannte „Shortbread", Sandwiches und „Scones". Das Scone ist ein sehr feines Brot, welche aus Weizen-, Hafer- oder Gerstenmehl hergestellt wird. Hinzu kommen Eier und süße

Sahne. Diese werden dann in kleinen runden Formen, ähnlich wie Biscuits im Backofen ausgebacken.

Die Engländer trinken ihren Tee mit Milch und sehr viel Zucker. Die Zugabe von Milch wurde wegen des sehr feinen Porzellans eingeführt, dass unter der enormen Hitze des heißen Wassers zersprungen wäre.

Beachten sie bitte, dass Sie einen Engländer niemals bei seinem „Five o´clock tea" stören sollten. Das wird in den Augen eines alten Engländers mit langer Tradition als absolut unhöflich empfunden. Die Zeit zwischen 16.00 und 18.00 Uhr sollte grundsätzlich nicht genutzt werden, um Termine zu vereinbaren oder geschäftliche Termine wahrzunehmen.

Geschäftliches

Die Engländer sind bei der Vergabe von Terminen nicht immer flexibel und benötigen für einen zu vereinbarenden Termin grundsätzlich ein paar Tage zur Planung. Vergebene Termine werden normalerweise nicht verschoben oder verlegt. Sollte so etwas einmal vorkommen, werden Ihnen zeitnahe Ausweichtermine vorgelegt.

Bei einem vereinbarten Termin sollten Sie

unbedingt Pünktlichkeit walten lassen. Man wird Ihnen allerdings eine kleine Verspätung von einigen Minuten gerne verzeihen.

Wenn Sie zu einer Geschäftsbesprechung eingeladen sind, sollten Sie nach dem „How do you do?" ihre Visitenkarte überreichen. Danach folgt der Small talk und anschließend werden die relevanten Themen dargelegt. Allerdings ist zu beachten, dass Punkte auf der Tagesordnung nicht explizit verfolgt werden müssen. Wenn bestimmte Themen offen geblieben sind, können Sie diese auch via Telefon, Fax oder Mail klären.

In England ist es sinnvoll über kurzfristige Planungen nachzudenken, da die Engländer grundsätzlich keine langfristigen Planungen vornehmen. Damit Sie erfolgreich werden, kann es also dementsprechend sinnvoll sein, wenn Sie nach Möglichkeit ihren gesamten Erfolg in kleineren Etappen zu planen.

Wenn sie in einer englischen Firma eingesetzt sind, werden Sie höchstwahrscheinlich zu einem Feierabendbier eingeladen. Zu diesem Zwecke ist es üblich in einem nah gelegen Pub einzukehren. Wenn Sie zu einem Bier eingeladen werden, ist das nicht eine Geste der Freundschaft. Solche Feierabendbiere werden eher dazu genutzt, um den Tag zu besprechen, Scherze auf Kosten der Krone zu machen und die Teamfähigkeit im Büro zu vertiefen. Sie müssen solche Einladungen zu einem Bier nicht jedes Mal annehmen. Der Höflichkeit halber, sollten Sie solche Einladungen nicht stetig ablehnen. Beachten sie bitte, dass es einem Ausländer nicht zusteht sich über die Krone oder über die englische Politik lustig zu machen. Das ist nur Engländer vorbehalten, doch solche und andere Themen werden in dem Kapitel „Tabuthemen" behandelt.

Dresscode

In England gilt der Stil des Gentleman. Die Farbe von Businesshemden ist vom Grundsatz her weiß. Nehmen Sie ein Hemd, welches 100% aus Baumwolle gefertigt ist. Die Stärke des Stoffes sollte griffig sein. Ein empfehlenswerter Stoff ist hierbei „Sea Island". Auf Funktionshemden ist grundsätzlich zu verzichten. Wenn Sie es ermöglichen können, tragen Sie bitte eine Weste unter ihrem Sakko.

Für den Haifischkragen - „cutaway collar", wird ausschließlich dicker Stoff für die Krawatte genutzt. Eine gute Krawatte ist vom Design her schlicht. Hier gilt die Devise „Less is more". So ist dem entsprechend auf Eifeltürme, Snoopy´s und Micky Mäuse zu verzichten. Eine Krawattennadel wird nicht mehr getragen.

Bei der Wahl der Form und der Anzugfarbe sind natürlich Grenzen gesetzt. Der Anzug sollte entweder ein Zwei- oder Dreiteiler sein. Farben und Formen variieren hierbei zwischen einem dunklen Blau mit weißen Nadelstreifen - „Blue Pinstripe", grauer Stoff mit Kreidestreifen für doppelreihige Anzüge, Nadelstreifen auf grauem Grund - „Grey Pinstripe" und der schwarze Stoff mit Nadelstreifen, der jedoch überwiegend für die City genutzt wird. Die Hose wird passend getragen.

Immer wieder wird gesagt, dass die Schuhe das wichtigste Kleidungsstück am Mann seien. Ein perfektes Erscheinungsbild wird immer durch die Wahl eines schlechten Schuhs, der unpassenden Form oder Farbe zerstört. Nutzen Sie für geschäftliche Besprechungen in England immer sehr gutes Schuhwerk.

Hierbei ist es sinnvoll, auf durch Hand angefertigtes Schuhwerk zurück zu greifen. Auf Monkstrap, Mokassin oder den Loafer ist zu verzichten. Unter einen Anzug gehören Schnürschuhe, wie von Gucci, Gravati, Moreschi, J. P. Tod´s oder Rosetti. Hierbei sollten Sie auf einen Cromwell oder Derby zurückgreifen.

Damen tragen dezent modisch geschnittene Kleider oder Kostüme, kombiniert mit nicht besonders aufdringlichem Accessoire. Ansonsten gelten hierbei die selben Regeln, wie für Herren.

Kulturelles und Gesprächsthemen

Über Jahrhunderte hinweg ist die Kultur in Kunst, Literatur, Musik, Theater, Architektur, Film und Fernsehen Englands gewachsen. Auch durch die immense Bedeutung der englischen Sprache, übt die Kultur Englands einen nicht unerheblichen Einfluss auf den Rest der Welt aus. Über 2 Jahrhunderte prägten englische Autoren, die literarische Kultur der Welt. Ob Daniel Defoe, William Blake, Robert Graves, Arthur Canon Doyle oder der Nobelpreisträger des Jahres 2005 Harold Pinter.

Auch in der Kunst, die bis in die Jungsteinzeit zurückreicht, waren die Engländer maßgeblich mit beteiligt. Herausragende Maler des 18. Jahrhunderts, wie Thomas Gainsborough wurden durch William Hogarth, Aubrey Beardsley, Henry Moore (Der Bogenschütze) und heute durch Künstler der Young British Artists abgelöst, ohne an Wertigkeit verloren zu haben.

In England spielt die Musik eine große Rolle. Hierbei ist die Volksmusik, die klassische Musik, die Unterhaltungsmusik, der Jazz genauso vertreten wie Pop und Rock. Hierbei herausragende Persönlichkeiten bezeichnen zu wollen, würde den Rahmen dieses Abschnittes bei weitem sprengen, obwohl hier angemerkt werden darf, dass die „Beatles" wirklich jeder kennt. Doch auch Pink Floyd, Jethro Tull, T. Rex, Genesis und Queen sollen nicht unerwähnt bleiben.

Innerhalb der Architektur sind zwei große richtungsweisende Architekten anzuführen. Norman Foster und Richard Rogers. Norman Foster ist bekannt für die „30 St Mary Axe", die auch als „Gurke" bezeichnet wird und die Londoner City Hall. Richard Rogers schuf dafür das Llooyd´s-Gebäude und den Millennium Dome.

Im Bereich Fernsehen, Radio und Film ist der englische Beitrag zu nicht unterschätzendem Maße an der Entwicklung der internationalen Filmkultur beteiligt. Hier prägen international bekannte Namen nicht nur die englische, sondern auch die internationale Filmszene. Regisseure wie John Grierson, David Lean, Peter Greenaway und selbstverständlich der international anerkannte und renommierte Persönlichkeit der englischen Filmkunst Alfred

Hitchcock, der 1980 in Los Angeles verstarb.

In der Wissenschaft und Forschung waren die Engländer federführend. Alle Namen der Forschung und Wissenschaften aufzuführen, um die maßgeblichen Dinge zu beschreiben, wäre vermessen und würde die Grenzen des Buches bei weitem überschreiten. Doch auch hierbei sollen die wichtigsten Namen und die wissenschaftlich die Welt revolutionierenden Erfolge nicht unberücksichtigt bleiben. Francis Bacon, der den Empirismus und die Induktion in die Forschung einführte, Isaac Newton der den Grundbaustein für die klassische Mechanik legte und das Buch „Principia Mathematica" veröffentlichte. Michael Faraday und James Clark Maxwell schufen sich einen Namen durch die Vereinigung von magnetischen und elektrischen Kräften, genau so wie Humphry Davy, der zahlreiche Elemente entdeckte und natürlich einer der berühmtesten und bekanntesten Köpfe Englands Charles Darwin, der heute noch als Entdecker des Evolutionsprinzips durch natürliche Auslese zählt.

Innerhalb der technologischen Forschung und der damit einher gehenden Entwicklung spielt England eine äußerst wichtige Rolle. Von England aus begann das, was man heute als die Industrielle Revolution bezeichnet. Die berühmtesten Köpfe dieser und jetziger Zeit sind James Watt (Ingenieur und Erfinder),

Charles Babbage (Rechenmaschinen), Alan Turing (Informatik), Alexander Fleming (Penicillin), John Logie Baird (Pionier des Fernsehens) und Tim Berners-Lee als Erfinder des www (World Wide Web).

Die berühmtesten und angesehensten Universitäten in England ist die Universität Cambridge, die Universität Oxford und die Universität Lancaster.

Die beliebtesten Gesprächsthemen ist das wechselhafte Wetter, der britische Fußball, die britische Geschichte, das Essen, das echte „Ale" (Bier) und oben erwähnten Beiträge. Doch seinen Sie bitte nicht überrascht, wenn ein Small talk auf sich warten lässt. Die Engländer sind im Süden mehr als die im Norden, was Fremde angeht sehr reserviert und kommen nur sehr schwer ins Gespräch.

Tabus

Als äußerst unschicklich finden es Engländer, nicht nur wenn Sie im Satz unterbrochen, sondern auch wenn Sätze nur halbfertig ausgesprochen werden. Das zeugt bei den Engländern von mangelhafter rhetorischer Kultur.

Vermeiden Sie es unbedingt das englische

Königshaus oder die königliche Familie zu diskreditieren. Sicherlich gibt es mehrere Meinungen über die königliche Familie, doch sollten Sie nicht den Fehler begehen anzunehmen, dass eine grundlegende Abneigung herrscht. Gespräche und Kritiken obliegen nur den Engländern selber. Genau so wenig dürfen Sie sich über die Kultur, das Essen und die Straßenverkehrsordnung lustig machen.

Auch sollten Themen rund um Irland, Wales oder Schottland vermieden werden. Gerade die Auseinandersetzungen und die momentanen Bestrebungen Englands und Irlands, sollten in Gesprächen nach Möglichkeit nicht behandelt werden, außer das Thema wird von ihrem Gesprächspartner angeschnitten.

Sensible Themen sind unter anderem der Nahe Osten, die Europäische Union und der Euro an sich.

Wenn Sie mit englischen Geschäftspartnern ein Gespräch führen, sollten Sie auch nicht auf die Klassenunterschiede in England eingehen oder die Migration ansprechen.

Selbstverständlich erübrigt sich der Hinweis, dass Sie einen Engländer niemals nach dessen Verdienst ansprechen oder über Sex, insbesondere über Homosexualität reden.

<u>Sonstiges</u>

Seit 1927 ist die offizielle Bezeichnung des Inselstaates „Vereinigtes Königreich Großbritannien und Nordirland". Beachten Sie bitte, dass England aus drei Teilen besteht. Aus England, Schottland und Wales. Das sollten Sie auf keinen Fall durcheinander bringen.

Normalerweise sind an den Spül- und Waschbecken keine wie in Deutschland üblichen Mischbatterien aufzufinden. Da der Wasserdruck für heißes Wasser sehr gering ist werden kaltes und heißes Wasser durch zwei voneinander getrennte Armaturen im Becken gemischt.

Wenn Sie in England zu einem geschäftlichen Termin eingeladen sind, benötigen Sie kein Gastgeschenk. Geschäftliche Geschenke sind in England unüblich. Das ändert sich, wenn Sie privat eingeladen werden. Hier können Sie die gebräuchlichsten Geschenke, wie z. B. Blumen, Wein oder Praline für die Dame des Hauses mitnehmen.

Beachten Sie bitte, dass Sie in England nicht mit Euro zahlen können. Sie sollten sich vorher hier ein wenig Geld in Pfund tauschen. Den Rest des Geldes nehmen Sie entweder in

Reiseschecks mit, oder tauschen Euro in englischen Reisebüros. Erfahrungsgemäß haben diese dort einen besseren Kurs als die ansässigen Banken.

England und Wales haben die höchste Kriminalitätsrate Europas. Sofern Sie in London eine Shopping Tour machen, sollten Sie ihr Geld grundsätzlich in einer Brusttasche aufbewahren.

EU - Beitritt	1973
Staatsform	konst. Monarchie
Hauptstadt	London
Fläche	244 820 km²
Bevölkerung	60,4 Millionen
Währung	Pfund Sterling

Botschaft der Bundesrepublik Deutschland

23 Belgrave Square

London SW1 X8PZ - England

Tel.: 0044 / 20 7824.1300 Zentrale

Fax: 0044 / 20 7824. 1435 Zentrale

Britische Botschaft in Berlin

Wilhelmstrasse 70

10117 Berlin

Tel.: 0049 / (0) 30.20457 0

Fax.: 0049 / (0) 30.20457 594

Irland

Begrüßung und Kommunikation

Irland, das Land der Butter und der saftigen grünen Wiesen. Doch Irland hat weitaus mehr zu bieten als nur diese Attribute.

Die Iren sind ein offenes Volk und genauso halten Sie es mit der Begrüßung. Bei der Begrüßung werden die Hände geschüttelt und sich dabei in die Augen gesehen. Dieser Blickkontakt ist sehr wichtig. Diesen Blickkontakt sollten Sie unbedingt erwidern. Tun Sie dieses nicht kann es sein, dass Sie von ihrem Gegenüber als nicht besonders vertrauenswürdig eingestuft werden.

Es dauert in Irland auch nicht sehr lange bis man Sie mit „Du" anspricht, oder Ihnen das „Du" anbietet. Im Geschäftsleben dauert das in der Regel ein wenig länger. Meine Erfahrung hat gezeigt, dass auch dieses Angebot nicht lange auf sich warten lässt. Besonders dann nicht, wenn Sie ihrem Gesprächspartner sympathisch sind.

In Irland ist die Amtssprache Englisch. Als die Engländer in Irland federführend waren, haben Sie das Gallische verdrängt, welches einen Zweig der keltischen Sprache darstellte. Das Gallische ist nicht mehr Omnipräsent, doch einige Fragmente erinnern noch deutlich an die alte Sprachkultur.

Irische Anreden:

Herr	Mister / Gentleman
Frau / Fräulein	Woman / Ms. (Miss)
gnädige Frau	Ma´am (Me´em)
Ehefrau	Wife

Hier noch einige Hilfestellungen:

Guten Tag / Morgen	Good afternoon / morning
Guten Tag	Good day
Guten Abend	Good evening
Gute Nacht	Good night
Auf Wiedersehen	goodbye
Danke !	Thank you
Bitte !	Please
um etwas bitten	to beg for something
Bank	Bank
Entschuldigung	Sorry / Excuse me
Ja ! / Nein !	Yes / No

Hilfe !	Help
Irland	Ireland
Deutschland	Germany
Hotel	Hotel
Camping- / Zeltplatz	Campsite
Fahrrad	Bicycle
Wasser / Milch	Water / Milk
Taxi	Taxi / Cab

Speisen und Getränke

Auch wenn man denken möchte, dass das jederzeitige tragen von Jogginganzügen von allgegenwärtiger Präsenz ist, so ist doch das tragen von angemessen gehobener Kleidung in einem gehobenen irischen Restaurant angebracht.

Die Zuweisung an einen Tisch in Irland erfolgt nur in gehobenen Etablissements. Ansonsten gilt die Regel des Blickkontakts mit einem Bediensteten. Danach können Sie sich einen freien Tisch im Restaurant aussuchen.

Viele irische Restaurants und dabei spreche ich nicht von den bekannten Pubs sind sehr lautstark. Wenn Sie mit einem irischen Geschäftspartner ein ruhiges Gespräch suchen, werden Sie in den Restaurants mit einem ausgezeichneten Ruf Erfolg haben. Diese Restaurants sind hauptsächlich in 4 bis 5 Sterne Hotels zu finden, von denen es einige in Dublin gibt. Selbstverständlich gelten auch in Irland beim Speisen in einem gehobenen Restaurant die selben Regeln, wie in allen anderen gehobenen Restaurants Europas.

Bei einem normalen oder auch geschäftlichem Essen in Irland, trinkt man sehr gerne Wein. Doch auch Guiness und Tee wird zum Essen gerne gereicht. Zum Mittag ist es allerdings unüblich, einen „Drink" zu sich zu nehmen. Es wird in der Regel abgelehnt.

In Irland ist das „Irish Stew", eines der bekanntesten Nationalgerichte. Das Irish Stew wird aus Hammelfleisch und verschiedenem Gemüse hergestellt, die in einem großen Topf gekocht werden.

Natürlich sind auch die Irischen essbaren Meeresfrüchte eine wahre Delikatesse. Immer zum September zwischen dem 15. und 30 findet ein Austern- und Miesmuschelfestival in Galway statt. Galway liegt an der westlichen Küste Irlands. Bei diesem Festival wird offiziell die „Austern- und Muschelzeit" eröffnet.

Des weiteren sind auch die Brote, Kuchen und Plätzchen in Irland eine wahre Augenweide.

Besonders hervorzuheben sind hierbei das „Brown"- und Kartoffel Brot. Bei den Kuchen sollten Sie unbedingt die irischen Rosinen Scones, irische Pfannkuchen und den Guiness Kuchen probieren.

Irland ist berühmt für seine trockenen Stouts. Diese sind das Guiness, das Murphy und der Kilkenny. Diese Biere sind selbstverständlich nicht nur in Irland, sondern Weltweit bekannt. Diese Biere haben eine sehr starken Geschmack nach Malz.

Selbstverständlich sollten Sie etwas über den berühmten irischen Whisky erfahren. Auch wenn Sie keinen Whisky trinken, sollten Sie die Bekanntesten kennen. Hierzu zählen der 18 jährige John Jameson Master Selection, der Bushmills, der Connemara, der Bowmore Islay, Ardberg Islay, der Lagavulin Islay, der bekannte Tullamore,der Green Spot und selbstverständlich der Glenfiddich. Das sind nur einige von vielen Whiskysorten, die es in Irland gibt.

Für das richtige trinken von Whisky gibt es keine eindeutig festgelegten Regeln. Routinierte Whiskytrinker werden bestätigen, dass Whisky von jedem so getrunken wird, wie es der persönliche Geschmack vorsieht, mal abgesehen von den allseits bekannt berüchtigten Mixgetränken.

Trinkgelder in Restaurants werden bis zu einer Höhe von 10% vergeben. Des weiteren ist es üblich Taxifahrern ein Trinkgeld in Höhe zwischen 5 und 10% des Fahrpreises zu geben.

Geschäftliches

Bei Geschäftsterminen sollten Sie unbedingt auf Pünktlichkeit achten. Sofern Sie nicht Pünktlich sind, wird man ihnen unterstellen, dass Sie keinen großen Wert auf diesen Kontakt legen. Man kann Ihnen sogar unterstellen, dass Sie unzuverlässig und nachlässig sind. Das könnte sogar so weit gehen, dass man mit Ihnen die geschäftlichen Kontakte abbricht, da es grundsätzlich sehr lange dauert bis Iren zu Ausländern Vertrauen gefasst haben.

Im Gegensatz dazu, sind die Iren nicht der Auffassung immer zu jedem Termin pünktlich erscheinen zu müssen. Hierbei sind die akademischen 15 Minuten die Regel.

Sofern Sie selber ihre Termine vereinbaren oder durch ihr Sekretariat vereinbaren lassen, sollten Sie unbedingt auf den passenden Zeitpunkt achten.

Termine sollten grundsätzlich zwei Wochen im voraus vereinbart werden. In Irland arbeiten irische Geschäftsleute mit sogenannten Zeitpuffern. Diese Zeitpuffer sind freie Zeitkontingente zur freien Verfügung, worin außerordentlich wichtige Termine gelegt werden. Des weiteren werden solche Zeitfenster genutzt, um verschobene Termine einzubinden.

Es hat sich herausgestellt, dass die Monate von Juni bis August keine guten Monate sind, um Termine zu vereinbaren. Des weiteren ist es nicht üblich zu Ostern, zu Weihnachten und zu den kirchlichen Feiertagen Termine zu vereinbaren.

Achten Sie bitte darauf, dass die Familie in Irland den höchsten Stellenwert hat. Während der Feiertage wird es unmöglich sein, einen irische Geschäftsleute zu Terminen zu bewegen.

Sollten Sie nun rechtzeitig einen Termin vereinbart haben und dieser auch stattfinden ist es unerlässlich ihrem gegenüber sofort ihre Visitenkarte zu überreichen. Dabei ist zu berücksichtigen, dass ein geschäftlicher Kontakt grundsätzlich mit ein wenig Small Talk eingeleitet wird. Schweigen wird häufig als eine Unsicherheit ihrer Person ausgelegt. In einigen Kreisen, mag man solch eine höfliche Verschwiegenheit bei der Übergabe von Visitenkarten auch als unhöflich deklarieren.

Freuen Sie sich in Irland nicht auf schnelle Geschäftsabschlüsse. Erst kommt die Phase des Kennenlernens, dann die lange Phase des Vertrauensaufbaus und danach, wenn alles für beide Seiten zur Zufriedenheit gelaufen ist ein Vertragsabschluss. Die Iren sind gegenüber neuen Praktiken und Ideen aufgeschlossen. Sie lassen sehr gerne andere Einflüsse und Ideen in geschäftlichen Abläufe einfließen, sofern es Erfolg verspricht.

Vielleicht noch ein Tipp zum Abschluss: Es gibt in Irland sogenannte „Networks for Business". Es ist unbedingt empfehlenswert, in solche Kontaktnetzwerke einzutreten, um Kontakte aufzubauen und vorhandene Kontakte weiter zu intensivieren. Dazu sollten Sie beachten, dass in Irland großer Wert auf Kontaktpflege gelegt wird. Hier kann es von Vorteil sein, vorhandene Kontakte auf eine Tasse Tee oder Kaffee in ein gutes Hotel einzuladen.

Dresscode

In Irland gibt es im Business nur eine Regel für den Dresscode. Diese Regel heißt definitiv

Business-Kleidung. Hier sind Anzüge aus dunklen und gedeckten Farben aus feinem Stoff maßgebend.

Sie tragen ein sauberes weißes Hemd aus starkem Baumwollstoff mit einem darunter getragenem Unterhemd. Die Krawatte sollte aus feinem Stoff sein. Sie sollten auf Motiv- und Symbolkrawatten verzichten. Für die Krawatte empfiehlt sich ein unaufdringliches Muster. Bei der Farbwahl greifen Sie am besten auf Unifarben zurück. Hierbei empfiehlt es sich auf Farben zurück zu greifen, die mit dem restlichen Outfit gut harmonisieren. Als Abschluss dürfen Sie eine Krawattennadel in den oberen Bereich der Krawatte knapp unter den Knoten der Krawatte einstecken. Hierbei ist unbedingt auf einen feinen Stein zu achten. Bitte achten Sie darauf, dass solche Nadeln nur verstärkt in den 60er und 70er Jahren eingesetzt worden ist.

Die Halbschuhe sind in einfach schlichtem glänzendem schwarzen Leder gehalten. Budapester Muster sind natürlich möglich.

Damen tragen dezent modisch geschnittene Kleider oder Kostüme in dunklen Tönen, gerne auch mit Nadelstreifen, kombiniert mit nicht besonders aufdringlichem Accessoire. Die Damenschuhe sollten aus schwarzem Leder und von unaufdringlicher Eleganz sein.

Sie können auch Damenschuhe aus Wildleder tragen, doch müssen Sie hierbei besonders auf die Pflege achten, da Wildlederschuhe Schmutz und Staub anziehen.

Kulturelles und Gesprächsthemen

Die Iren sind ein stark kulturell verwurzeltes Volk, mit einer abwechslungsreichen und sehr spannenden Historie.

Internationale Bekanntheit hat die irische Musik erlangt. Die traditionelle Musik wird hauptsächlich mit der Bodhrán, einer Art Handtrommel, der Blechflöte und einer Geige gespielt. Diese traditionelle Musik hört man nicht nur auf den Straßen, sondern auch in fasst allen Pubs des Landes. Natürlich hat Irland nicht nur Musikalisches zu bieten. Irland ist ein Land voller Geschichten über Helden, Feen, Kriegern und Heiligen.

Zu der bekanntesten Figur Irlands zählt der Riese Finn McCool, der größte keltische Held, der zusammen mit seiner Frau Oonagh den noch größeren Riesen Benandonner mit einer geschickten List in die Flucht schlägt.

Wenn Sie allerdings wirklich etwas über Irland erfahren wollen, dann sollten Sie einen Pub besuchen. Hier erfahren Sie so einiges über

Irlands Musik, Kultur und Geschichte. Hier können Sie den Geschichten lauschen oder an der Theke platz nehmen und sich mit den Einheimischen unterhalten.

Über die Vorgehensweisen in einem Pub sind folgende Dinge zu beachten. In den Pubs trinkt man nach dem Runden-System und jeder kommt einmal dran, um eine Runde für alle auszugeben. Es gibt den „Pint", „Jar" und „Scoop". Verlangen Sie immer einen „Pint", da die beiden anderen Begriffe nur in Sätzen verwendet werden. Sie können auch einen „Half-Pint" oder ein „Glass" bestellen. Wenn Sie einen Guiness bestellen, werden Sie etwas länger warten müssen, als Sie es vielleicht von Deutschland aus gewohnt sind. Ein Guiness dauert immer ein wenig länger und es zeugt von Kennertum, wenn Sie das Bier nicht sofort trinken, sondern ein wenig ruhen lassen. Kenner sagen, dass das Bier dann ein wenig besser schmeckt.

Tabus

Natürlich gibt es auch in Irland Tabuthemen, die Sie nicht ohne eine Aufforderung von ihrer Gegenseite aus ansprechen sollten. Dazu zählen eindeutig alle Themen rund um die katholische Kirche. Gerade die katholische Kirche wird in Irland sehr kontrovers diskutiert.

Die katholische Kirche hat in den letzten Jahren verstärkt an Boden verloren, und dies insbesondere durch den Einfluss anderer Kulturen und Religionen und natürlich auch durch sehr viele negative Schlagzeilen in den Medien.

Weitere Tabuthemen und die sollten bekannt sein, sind die Probleme mit der großen Zahl an Immigranten. Immigranten sind in Irland nicht jeder Orts gerne gesehen. Irland war früher eines der ärmeren Nationen innerhalb der Europäischen Union und das wurde durch die Zivilbevölkerung oft auf die Immigranten zurückgeführt. Mittlerweile gehört Irland heute zu einem der Länder mit den höchsten Wachstumsraten, welches im wesentlichen auf die positiven Veränderungen im irischen Wirtschaftssystem zurückzuführen ist.

Selbstverständlich gehört, bedingt durch die Vergangenheit und auch die gegenwärtige Situation, England und das englische System zu einem sehr hitzig debattierten Thema. Hier sollten Sie es vermeiden für eine der beiden Seiten Partei zu ergreifen. Loben Sie die Weitsichtigkeit der irischen Regierung, ebenso wie die Bemühungen beider Seiten für eine möglichst friedliche und harmonische Klärung. Wenn Sie wirklich in ein solches Gespräch hineingezogen werden und das lässt sich nicht immer ausschließen und Sie sind sich nun unschlüssig darüber, wer nun am Tisch welche Position verfolgt, stellen Sie einfach Informationsfragen. Wie hat das angefangen ? Wann hat das angefangen ? Stellen Sie grundsätzlich allgemein gültige Fragen. Bei den Informationen, die Sie dann erhalten werden, nicken Sie nur zustimmend und hinterfragen wenig.

Sonstiges

Bei persönlichen Gesprächen sollten Sie nicht mit persönlichen Titeln prahlerisch umgehen. Persönliche Leistungen und / oder Erfolge ihrer Firma sollten Sie nicht offen kundtun. Die Iren mögen solche prahlerischen Menschen nicht besonders. Die Iren selber tragen ihre persönlichen Erfolge, Titel etc. nicht offen vor sich her. Sie sollten sich darauf einstellen, dass die Iren ihre Kompetenzen eher in der Praxis begutachten werden.

Wenn Sie in einen Privathaushalt eingeladen worden sind, nehmen Sie für die Gastgeber eine Kleinigkeit mit. Hier ist die obligatorische Flasche Wein, die erlesene Schokolade oder der Blumenstrauß gern gesehene Präsente. Sie können selbstverständlich auch etwas aus ihrer Heimat überreichen. Wenn es ein Buch sein soll, achten Sie bitte darauf, dass es in Englisch geschrieben ist.

Die Familie hat in Irland den höchsten Stellenwert. So werden Sie also definitiv zu den Feiertagen keine Termine legen können. Ostern, Weihnachten etc. sind Familientage. Auch die Ferienzeiten sollten Sie im Auge behalten, da auch diese Zeitfenster gerne genutzt werden, um mit der Familie einen Ausflug oder eine kleine Reise zu machen.

Die Iren sind ein Volk der direkten Ansichten. Hier wird die Meinung offen kund getan. Scheuen Sie sich also bitte nicht ihre Meinung oder ihre Ansicht über das eine oder andere Thema offen darzulegen, mit Ausnahme der Eingangs erwähnten Themenbereiche.

Am 17. März ist St. Patrick´s Day. Dieser „grüne" Feiertag ist ein gesetzlicher Feiertag zum Gedenken an den Nationalheiligen St. Patrick (ursprünglicher Name war Patrick Maewyn) der an diesem Tage verstorben ist. Dieser Tag wird mittlerweile nicht nur von den Iren, sondern auch von irischen Immigranten und zunehmend auch immer mehr von Nicht-Iren gefeiert.

EU - Beitritt	1973
Staatsform	Republik
Hauptstadt	Dublin
Fläche	70 000 km²
Bevölkerung	4 Millionen
Währung	Euro

Botschaft der Bundesrepublik Deutschland
31 Trimleston Avenue
Booterstown - Dublin
Tel.: 0353 / 1.269 3011 Zentrale
Fax: 0353 / 1. 269 3946 Zentrale

Irische Botschaft in Berlin
Friedrichstraße 200
10117 Berlin
Tel.: 0049 / 30.22 07 20
Fax.: 0049 / 30.22 07 22 99

Italien

Begrüßung und Kommunikation

„That´s Amore" hat schon Dean Martin (Dino Paul Crocetti) gesungen. Ein Kind dessen Vater aus Italien und Mutter aus Ohio kamen und mit seinem italienischen Charme in Hollywood Karriere machte. Er war bis zu seinem Tode „innamorata" in Italien. Italien gehört nach Meinung vieler mit seinen Menschen und mit seinen unterschiedlichen Merkmalen zu den sympathischsten Ländern Europas. Zudem zählt Italien zum fünf wichtigsten Handelspartner Deutschlands. Hier wird sich die Zeit zu einem kleinen Plausch genommen, hier zählen Werte und Traditionen, aber auch Ruhe und Muse.

Doch auch das Land der Hektik und der blumenreichen Sprache, hat seine Tücken. Zwar sind Italiener bei der Begrüßung sehr herzlich, doch auch hier weiß man zu unterscheiden. So kommen z. B. die oft beobachteten Küsschen auf die Wangen, nur bei Bekannten und Freunden zur Anwendung. Sonst ist es üblich, sich bei der ersten Begrüßung die Hand zu reichen. Danach wird sich nach dem Befinden des gegenüber und der Familie erkundigt. Der direkte Blickkontakt bei der Begrüßung ist sehr wichtig. Es ist unhöflich, sich mit ihrem Gegenüber zu unterhalten und dabei an ihm vorbei zuschauen. Das auch in Deutschland beliebte „Ciao" wird nicht verwendet. Mit einem „Ciao" haben Sie den Menschen „geduzt" und das wird im Geschäftsleben nicht angewandt. Gegenüber älteren Menschen müssen Sie einen besonderen Respekt zollen. Auch wenn Sie von diesen zur Begrüßung nur ein leichtes Kopfnicken bekommen, müssen Sie die Formen wahren und in korrekter Art und Weise begrüßen.

Bei der Anrede benutzen Sie bitte zuerst in Abhängigkeit zur Tageszeit, hier z. B. das „Buongiorno". Danach kommt das Geschlecht, wie „Signor" oder „Signora", wenn Titel nicht vorhanden sind und im Anschluß der Name der Person.

„Buongiorno Signora Endrizzi"

Bei Trägern von Titeln oder Würdenträgern, kommt anstelle der Geschlechterbezeichnung der Titel. Innerhalb der Titelbezeichnung ist das Geschlecht mit eingefasst, so z. B. „"Dottore", „Dottoressa", „Professore" oder „Professoressa", wobei die Endung mit dem „a" für die Damen verwandt wird. Erst hiernach kommt der Name der zu begrüßenden Person.

„Buongiorno Professoressa Endrizzi"

Die italienischen Damen sind Komplimente
gewohnt und es ist üblich den Damen bei der
Begrüßung ein Kompliment zu machen. Bitte
übertreiben Sie hierbei nicht. Ein „Sie sehen
heute bezaubernd (adorabile) aus", ist völlig
ausreichend. Auch das zwei Freundinnen sich
gegenseitig Komplimente machen, ist in
Italien vollkommen normal.

Wenn Sie ihr Gegenüber besser kennen
gelernt haben, werden Sie bei der Begrüßung
umarmt und dabei auf die Wangen geküsst.
Bei dem Küssen auf die Wangen, beginnen
Sie bei der rechten Wange. Dabei sollten Sie
nicht direkt die Wange ihres Gegenüber
küssen, sondern allenfalls mit ihrer Wange
touchieren. Das „Du" ist nur Bekannten und
Freunden vorbehalten. Doch es dauert nicht
sehr lange, bis man es Ihnen anbietet.
Grundsätzlich ist die körperliche Nähe bei den
Italienern wichtig. Während in Deutschland
der sogenannte „private Kreis" von einer
ausgestreckten Armlänge respektiert wird, ist
der Abstand bei den Italienern deutlich
geringer. Hierbei sprechen wir von einer
angewinkelten Armlänge. Sie sollten nicht
zurückweichen oder gar zurückschrecken,
wenn ein Gesprächspartner auf Sie zukommt.
Das könnte von ihrem Gegenüber eventuell

als Ablehnung aufgefasst werden.

Bei einer Einladung müssen Sie nicht nur jeden begrüßen, sondern sich bei der Verabschiedung auch von allen Gästen verabschieden. Allerdings ist die Regel bei großen Empfängen aufzuheben. Hier verabschieden Sie sich zuerst von Ihren Gastgebern, anschließend von den Personen, mit denen Sie sich besonders intensiv unterhalten haben und selbstverständlich von gesellschaftlich wichtigen Persönlichkeiten.

Während eines Treffens ist es völlig normal im Gesprächsverlauf unterbrochen zu werden und selber auch zu unterbrechen. Eine solche Vorgehensweise ist in Italien nicht unhöflich, sondern eher erwünscht, um eine lebendige Diskussion zu erhalten.

Bei geschäftlichen Treffen mit TOP´s ist es üblich, diese nicht stringent einzuhalten, sondern zwischen den einzelnen Punkten zu springen. Dabei kann es vorkommen, dass für Sie eher unwichtige Themenpunkte bis ins kleinste Detail durchgesprochen werden und ein großer Teil der eingeplanten Zeit für die Klärung dieses Punktes verbraucht wird, so dass andere wichtige Punkte nicht angesprochen werden. Dieses geschieht nicht mit Absicht, sondern gehört bei den Italienern zu einer guten Diskussion. Hierbei sollten Sie es vermeiden auf ihre Gesprächspartner

Druck auszuüben, um auf die anderen Punkte noch einzugehen. Italiener mögen keinen Druck und insbesondere mögen Sie kein stetiges Bevormunden oder Korrigieren. Solche Gesprächspartner werden schnell unsympathisch.

Wenn Sie in Italien erfolgreich sein wollen, müssen Sie in Italien ihre vorhandenen und aufgebauten Kontakte intensiv pflegen. Jeder gepflegte Kontakt hat weitere Kontakte zur Folge. In Italien hat jeder über die Jahre hinweg sein eigenes Kontaktnetzwerk aufgebaut, dass im Bedarfsfalle „angezapft" wird. Die eine kennt sich vielleicht in bürokratischen Angelegenheiten aus, während der andere sehr gute Kontakte zur katholischen Kirche hat und Ihnen bei der Klärung oder Terminierung mit dem Klerus entscheidende Wettbewerbsvorteile sichern kann.

In Italien ist die Pünktlichkeit entgegen aller weitläufigen Meinungen zu berücksichtigen. Von einem deutschen Geschäftspartner erwartet man strikte Pünktlichkeit. In den Metropolen Italiens kann es bei ihren italienischen Partnern zu verkehrstechnisch bedingten Verspätungen kommen. Ansonsten werden ihre italienischen Gesprächspartner pünktlich sein. Sie sind bitte immer pünktlich.

Italienische Anreden:

Herr	Signore
Frau	Signora
Fräulein	Signorina
Ehefrau	Moglie
Ehemann	Marito

Hier noch einige Hilfestellungen:

Guten Tag / Morgen	Buongiorno
Guten Abend	Buonasera
Gute Nacht	Buonanotte
Auf Wiedersehen	Arrivederci
Danke !	Grazie
Bitte !	Prego
Bank	Banca
Entschuldigung	Scusi
Ja ! / Nein !	Si / No
Hilfe !	Aiuto
Italien	Italia
Deutschland	Germania
Hotel	Hotel

Camping- / Zeltplatz	Campeggio
Fahrrad	Bicicletta
Wasser / Milch	Acqua / Latte
Taxi	Taxi

Speisen und Getränke

Italien ist nicht nur das Land der Liebe, sondern auch das Land der guten Küche. Verschiedene raffinierte Gerichte aus den unterschiedlichen Regionen versprechen dem Gaumen viel Abwechslung. Auch wenn viele Besucher des Landes das Gefühl haben, dass es in Italien vielleicht ein wenig lockerer zugeht, so täuscht dieser Eindruck bei einem gemeinsamen Essen in einem Restaurant gewaltig. Auch hier gibt es klare Vorstellungen über das Verhalten am Tisch.

In Italien ist es üblich, dass Sie von einem Kellner an einen Tisch geführt werden, oder Ihnen ein Tisch zugewiesen wird. Auch hier dürfen Sie bei der Auswahl des Tisches sagen, dass Ihnen der Vorschlag des Kellners nicht zusagt. Insbesondere in den Fällen, wenn Sie mit Partnern geschäftlich Speisen müssen und dafür eventuell einen Platz benötigen, der etwas ruhiger gelegen ist. Es ist von Vorteil, dem Personal dieses im Vorfeld mitzuteilen.

Höfliche und zuvorkommende Tischmanieren sind genau so gerne gesehen. Sobald Sie sich selber etwas an Getränken nachschenken wollen, fragen Sie zuerst die Personen die mit Ihnen am Tisch sitzen, ob diese auch etwas wünschen. Das selbe gilt, wenn Sie sich etwas zusätzliches Bestellen.

Ob Sie in einem Restaurant speisen, oder zu einem privaten Essen eingeladen werden, es gilt die Devise „Gegessen wird, wenn alle bereit sind und alle etwas zum Speisen haben". Die Portionen sind im normalen Falle gut abgemessen, so dass keine Person mit dem Verzehr der Speisen Probleme haben sollte. Lassen Sie aus Gründen der Etikette einen kleinen Rest auf dem Teller zurück. Das zeigt, dass es Ihnen geschmeckt hat und sie gesättigt sind, allerdings sollten Sie von allem probiert haben, um die Küche nicht zu beleidigen.

Dem Personal wird mittels einem leichtem heben des Armes und dezentem Blickkontakt signalisiert, dass man etwas wünscht. Lautes Rufen, Armwedeln, in die Hände klatschen oder etwa Pfeifen sollten Sie auf jeden Fall vermeiden, wenn Sie nicht unangenehm auffallen wollen.

Wenn Sie etwas zu Essen bestellen, sollten

Sie vielleicht aus Gründen der guten Sitten nicht unbedingt auf Pasta oder Pizza zurück greifen. Beachten Sie, dass zu Mittag und auch zum Abendessen immer Wein gereicht wird. Trinken Sie mit bedacht, da es als stillos gilt, wenn Sie leicht angetrunken oder gar betrunken sind. Das Mittagessen wird zwischen 13.30 und 15.30 Uhr (+/- 30 Minuten) gegessen. Das Abendessen, welches in Italien sehr reich an Fleisch, Fisch, Meeresfrüchten, gegrilltem und frittierten Gemüse, Pasta, Wurst und Käse ist, wird dem entsprechend später eingenommen. Die beliebteste Uhrzeit zum Abendessen ist zwischen 19.30 und 21.00 Uhr (+/- 30 Minuten). Zum recht opulenten Mittag und Abendessen steht ein recht karges Frühstück entgegen. Italiener „frühstücken" entweder nur eine Tasse Espresso (In Italien als „caffè" bekannt) und dazu Gebäck oder ein Stück Kuchen. Ein sogenanntes deutsches Frühstück ist in Italien selten. Bitte beachten Sie unbedingt, dass in Italien ein deutscher Kaffee als „caffè americano" verkauft wird. Bestellen Sie einen Kaffee, werden Sie einen Espresso bekommen.

Wenn Sie in einem Restaurant oder auch zu Hause privat zum Essen eingeladen sind, gibt es mehrere Gänge und immer Brot dazu. Brot wird in Italien immer gebrochen und nicht abgebissen. Es gibt eine reiche Auswahl an

Vorspeisen. Von gebratenem und gegrilltem Gemüse über verschiedene Saucen, Fischen und Salaten bis hin zu verschiedenem Pasta, geht die Auswahl an Gaumenfreuden. Hierbei sprechen wir von den sogenannten Antipasti.

Nach der Vorspeise wird mit dem „primo piatto" begonnen, dem ersten Gang. Auch hierbei wird immer Brot gereicht. Zum primo piatto und zum anschließenden secondo piatto, den zweiten Gang, gibt es wiederum einen Landes- oder Regionalbedingt üblichen Wein. Den Abschluss einer solchen Mahlzeit, bildet das Dessert. Danach kann man selbstverständlich noch eine „caffè", einen Ramazotti oder einen Montenegro bestellen. Der Ramazotti und der Montenegro sind in Italien beliebte Kräuterliköre, so wie der aus Deutschland stammende Jägermeister, der Underberg oder andere.

So wie in Deutschland legen Sie bitte beim Essen ihre Ellenbogen nicht auf den Tisch und beenden das Essen, indem Sie Messer und Gabel parallel zueinander auf den Teller legen. Dabei liegen die Griffe des Bestecks und die Klinge des Messers zur Gabel weisend, auf Höhe von 4 Uhr.

In jedem italienischen Restaurant werden Sie die Rechnung mit ausgewiesener Steuer erhalten. Diese Zwangsläufigkeit hat die italienische Regierung eingeführt, um der wachsenden Steuerhinterziehung Einhalt zu gebieten. Grundsätzlich erhalten Sie ihr komplettes Wechselgeld zurück und hinterlassen, wenn Sie mit dem Service zufrieden waren, einen Ihren Wünschen und dem Service entsprechenden Betrag.

Die Rechnung wird in der Regel vom Gastgeber bezahlt. Eine anschließende Aufteilung der Rechnung ist nicht nötig, da erwartet wird, dass Sie beim nächsten Mal die Rechnung übernehmen. Es kann vorkommen, dass ihr Gegenüber sich anbietet, bei einem erneuten Zusammentreffen ein weiteres Mal die Rechnung übernehmen zu wollen. Das lehnen Sie höflich, charmant und freundlich aber bestimmt ab.

Vielleicht noch ein Wort zum richtigen Umgang mit Spaghetti. Die Meinungen hierzu sind gespalten. Die einen rollen ihre Spaghetti mit Hilfe eines Löffels auf. Andere wiederum nutzen dafür den tiefen Rand des Tellers und empfinden das Nutzen eines Löffels als Stilbruch. Wenn Sie in einem Restaurant Spaghetti bestellen und Sie erhalten dazu keinen Löffel, hat sich die Frage sowieso geklärt. Sollte ihnen aber auch ein Löffel dazu gereicht werden, oder ein Löffel auf dem Tisch sein, dürfen Sie natürlich diesen auch benutzen. Allerdings ist es auch bei Italienern nicht gerne gesehen, dass man die Spaghetti so lange „aufdreht", bis sich ein riesiger „Nudelball" gebildet hat. Nehmen Sie nur 2 – 3 Bänder auf und drehen diese auf der Gabel auf, so dass sich eine normale mundgerechte Portion bildet. Des weiteren sollten Sie die Spaghetti niemals zerschneiden. Das ist ein Fauxpas.

Geschäftliches

Sobald Sie in eine Geschäftsbesprechung kommen, begrüßen Sie alle Teilnehmer mit Handschlag, Status und Titel. Dabei schauen Sie den Personen in die Augen. Unabhängig von der Jahreszeit und Veranstaltung, müssen Sie die Handschuhe bei der Begrüßung immer ablegen. Eine Begrüßung mit Handschuhen wird als distanziert angesehen. Sollte Ihnen in Kontakten früher das „Du" angeboten worden sein, dürfen Sie es natürlich verwenden. Das küssen der Wangen kann dabei, bei Personen die Sie kennen, angebracht sein.

Für ihre Termine nehmen Sie sich bitte Zeit, da Italiener beziehungsorientiert handeln und dem entsprechend einen gewissen Small talk pflegen, um sich näher kennen zu lernen. Ein Small talk bezieht sich zudem auch auf die Familie ihres Gegenüber. Fragen nach dem Gesundheitszustand etc. sind also durchaus erwünscht und führt mit anderen Fragen in Kombination zu einer gewissen Vertrautheit.

Sollten Sie das Gefühl haben, dass Sie sich durch einen geführten Small Talk zu sehr vom eigentlichen Thema weg bewegen, können Sie mit Geduld und Charme zum Thema zurückkommen. Bleiben Sie jedoch immer freundlich und werden niemals ungeduldig.

So wie in fasst allen südlichen Ländern, ist es sinnvoll, geschäftlich zu führende Termine auf die Vormittagsstunden zu legen, da die Temperaturen in den Metropolen Italiens auf bis zu 30°C steigen können. Nicht selten sieht man in den Restaurants von Rom, Neapel, Mailand oder Palermo Geschäftsleute bei einem Lunch geschäftliche Gespräche führen. Sollten auch Sie bei einem solchen sogenannten Business-Lunch sitzen, sollten alle geschäftlichen Themen bis zum abschließenden Kaffee (Espresso) behandelt sein, denn mit dem Espresso sind weitere Gespräche nicht eingeplant.

In den Wintermonaten fällt die Temperatur in der Regel im Mittel nicht unter 5°C. So ist es dann auch nicht verwunderlich, dass genau in diesen Monaten Gespräche auch in den Geschäftsräumen der italienischen Firmen geführt werden. Sollte es die Uhrzeit zulassen, können die Gespräche auch in einem Restaurant geführt werden. Geschäftsabschlüsse werden in Italien vorab per Handschlag und anschließend vertraglich über einen Notar oder einen Anwalt (Advocato) bestätigt.

Dresscode

In Italien ist Stil und Modebewusstsein ein unbedingtes „MUSS". Über 25 Designer mit Weltruf kommen aus Italien und dem entsprechend wird auch die Mode und das äußere Erscheinungsbild im Gegensatz zu Deutschland sehr gepflegt. Gute Passform und eine hervorragende Qualität des Stoffes sichern Ihnen die Anerkennung ihrer Partner. Die sogenannte „Bella Figura" kann im Geschäftsalltag entscheidend über Erfolg sein. Sie sollten auch in Ihrer geschäftlichen Freizeit auf die in Deutschland gerne getragenen „Latschen" oder am Körper „schlabberig" sitzende Kleidung verzichten. Sie sollten auf gehobene Freizeitkleidung zurückgreifen. Im Büroalltag ist auf Freizeitkleidung oben beschriebener Art gänzlich zu verzichten.

Kulturelles und Gesprächsthemen

In Italien gibt es nur weniges was Sie

beachten müssen, um nicht gänzlich ins Fettnäpfchen zu treten. Allseits beliebte Themen in Italien sind die Literatur, aktuelle Geschehnisse, die Architektur, der Wein, Filme und Stars und natürlich der italienische Fußball. Von den in Italien über 700 bekannten Autoren, sollten Sie vielleicht einige kennen. Folgend für Sie ein kleiner Auszug italienischer Schriftsteller, wie z. B. den in Europa ersten großen Märchenerzähler Giambattista Basile (1575 – 1632), Giuseppe Ungaretti als heute noch bekannter und führender Vertreter des literarischen Ermetismo und den heute noch aktiven 1947 in Bologna geborenen Autor, Satiriker und Romancier Stefano Benni.

Auch aktuelle ausländische Geschehnisse, die sehr vielen unterschiedlichen Epochen der italienischen Architektur, die diversen Weine und andere hervorragende Spirituosen über Rotwein, Champagner, Liköre bis zum Grappa sind interessante Themenbereiche. Doch ist und bleibt eines der beliebtesten Themen in Italien, der italienische Fußball mit seinen überall bekannten und gefeierten Stars.

Doch zeigt sich auch die künstlerische Pracht Italiens in den wunderschönen Opernhäusern, wie das Teatro Dante Alligheri in Ravenna, das Teatro Communale in Florenz oder die weltberühmte Mailänder Scala in der wahre künstlerische Oper- und Operettenrößen, wie Cecilia Bartoli, Franco Corelli und natürlich die unvergleichliche Maria Callas, ihren Auftritt hatten. Die berühmtesten Dirigenten der Welt, wie Leonard Bernstein, Riccardo Muti, Romano Gondolfi, Claudio Abbado gaben hier ihr unvergesslichen Auftritte. Die Mailänder Scala zählt zu den schönsten und größten Opernhäusern. Die stattfindenden Konzerte und Opern sind Begegnungen von namhaften italienischen Gesellschaftsgrößen.

Die Mailänder Scala

Natürlich bietet Italien auch im Bereich der Kunst sehr viel. Alleine die über 1.500 Museen beherbergen weit über 5 Mio. Exponate. Auch alte Meisterkünstler, wie Michelangelo di Lodovico Buonarroti Simoni, der sein Kunstwerk in schwindelerregender Höhe hinterlassen hat, prägen das fantastische Bild Roms.

Doch auch die moderne Kunst findet sich in Italien und insbesondere in der Toskana wieder. Im Skulpturenpark „parco Sculture del Chianti" finden sich verschiedene Skulpturen von verschiedenen Künstlern.

Das jüngste Gericht – Ausschnitt aus der Sixtinischen Kapelle in Rom

Tabus

In Italien ist es nicht gerne gesehen, bei der Begrüßung oder Verabschiedung „Ciao" zu sagen. Wie schon vorher erwähnt, obliegt das nur sehr guten Freunden und Bekannten und kommt in Italien einem Duzen gleich.

Sie sollten das erweisen von Gefälligkeiten nicht mit Bestechung und / oder Schmierung gleichstellen. Solche Unterstellungen sind in keinem Land gerne gesehen und gehört.

Wenn Sie in einem Restaurant eingeladen sind und ihr italienischer Geschäftspartner die Rechnung beglichen hat, sollten Sie ihm niemals seinen Anteil auszahlen. Das gehört sich nicht und wird auch nicht angenommen.

Die katholische Kirche hat in Italien einen sehr hohen Stellenwert. Kritik und das ansprechen von kirchlichen Problemen sind ein absolutes Tabu.

Auch Themen wie der 2. Weltkrieg und die italienische Mafia sollten nicht angesprochen werden. Sollte einer ihrer Gesprächspartner solch ein Thema aufgreifen, ist es ratsam zu sagen, dass Sie sich mit dieser Materie nicht intensiv auseinandergesetzt haben und darüber deswegen nichts sagen möchten.

Sonstiges

Nackt baden auch für kleine Kinder, ist an den gesamten Küsten Italiens verboten. Zwar setzt sich nach und nach das oben ohne baden für Frauen immer mehr durch, wird aber trotzdem nicht gerne gesehen.

In Klöstern und Kirchen sind die Schultern, Arme und Beine unbedingt bedeckt zu halten. Bei den Damen reicht der Rock bitte bis über die Knie. In einigen Klöstern und Kirchen ist es sogar explizit verboten, wie oben beschrieben diese Häuser zu betreten.

Sofern Sie eine Einladung in einen Privathaushalt erhalten, können Sie der Dame des Hauses einen bunten Blumenstrauß und dem Herrn des Hauses eine Flasche roten Wein mitnehmen. Von Chrysanthemen und roten Rosen sollten Sie absehen. Erstes wird bei traurigen Anlässen und Rosen beim bezeugen eines Liebesbeweises übergeben.

Bedenken Sie bitte, dass das Rauchen in Italien schon seit einigen Jahren stark reglementiert ist. Das Rauchen in allen öffentlichen Verkehrsmitteln, Kinos, Bistros, Cafés, Ladengeschäften, Ämtern und öffentlichen Büros ist strikt verboten. Eine Zuwiderhandlung wird mit einer Geldstrafe bis zu 250€ belegt. Das Rauchen neben Kindern und Schwangeren, wird mit einer Geldstrafe ab 300€ aufwärts geahndet.

EU - Beitritt	Gründungsmitglied
Staatsform	Republik
Hauptstadt	Rom
Fläche	301 263 km²
Bevölkerung	57,5 Millionen
Währung	Euro

Botschaft der Bundesrepublik Deutschland
Via San Martino della Battaglia, 4
I – 00185 Rom
Tel.: 0039 / 06.49 213-1 Zentrale
Fax: 0039 / 06.445 26 72 Zentrale

Italienische Botschaft in Berlin
Hiroshimastraße 1
10785 Berlin
Tel.: 0049 / 30.25 44 00
Fax.: 0049 / 30.25 44 01 16

Lettland

Begrüßung und Kommunikation

Lettland liegt mit seinen 2,3 Millionen Einwohnern direkt zwischen Litauen im Süden, Estland im Norden, im Südosten Weißrussland und im Nordosten Russland. Der Westen Lettlands gehört der Ostsee. Man sagt, dass Lettland ein Schmelztiegel für verschiedene Kulturen und Nationen darstellt. Neben Letten mit knapp 58% und Russen mit 29% Bevölkerungsanteil, gibt es auch Polen, Weißrussen, Esten, Litauer, Ukrainer, Roma, Juden und auch Deutsche und diverse andere kleinere Randgruppen. Die hauptsächliche Kommunikationssprache ist Lettisch, gefolgt von russisch. In verschiedenen Bereichen wird auch Englisch gesprochen, was aber eher selten vorkommt.

Die Begrüßung in Lettland ist der des Deutschen sehr ähnlich. Sie begrüßen sich mit Handschlag und schauen sich dabei an. Die Damen bleiben in der Regel sitzen, wenn Sie zur Begrüßung einen Raum betreten. Begrüßt wird immer zuerst der Ranghöchste im Raum, gefolgt von dem Rest gegliedert in Hierarchiefolgen. Es macht Sinn, wenn Sie sich vorab informieren, mit wem Sie in einer Konferenz sitzen werden.

Nachdem Sie die anwesenden Personen im Raum begrüßt haben, verteilen Sie ihre Visitenkarten. Achten Sie bitte auch hierbei darauf, dass die Person mit der höchsten Wertigkeit die Karte zuerst erhält.

Zu Beginn sind die Letten ein wenig distanziert, was sich mit zunehmender Zeit in eine sehr große Herzlichkeit ausweitet. Auf das Nutzen von Titeln (außer zu sehr offiziellen Anlässen), sollten Sie verzichten, da die Letten auf solche Benennungen wenig wert legen.

Zum „warm up" sollten Sie die Hauptstadt Riga, welches Teil des Weltkulturerbes ist und dass in der Hauptstadt befindliche Jugendstilviertel lobend erwähnen. Auch macht es Sinn sich mit der Architektur von Riga ein wenig auseinander zusetzen. So sollten sie vorab im Internet die von Michail Eisenstein entworfenen Häuser anschauen. Des weiteren sollten Sie wissen das Michail Eisenstein der Vater des berühmten russischen Filmregisseurs Sergej Eisenstein ist.

Grundsätzlich macht es Sinn, sich vor einen Termin im Internet über die Architektur und Kultur des Landes zu informieren.

Lettische Anreden:

Herr	mister
Frau	
Fräulein	
Ehefrau	
Ehemann	

Hier noch einige Hilfestellungen:

Guten Tag / Morgen	labrīt
Guten Abend	labvakar
Auf Wiedersehen	paliec sveiks
Dank !	pateicība
Bitte !	lūdzu
Bank	Banka
Entschuldigung	apbēdināts
Ja ! / Nein !	jā / nē
Hilfe !	palīdzība
Lettland	Latvija
Deutschland	Vācija
Hotel	viesnīca
Camping- / Zeltplatz	kempings vieta
Fahrrad	velosipēds

Wasser / Milch	ūdens / piens
Taxi	taksometrs

Speisen und Getränke

Lettland hat tief verwurzelte Gewohnheiten, die heute noch sehr intensiv gepflegt werden. Zu diesen Gewohnheiten zählt es auch, dass die Letten einen ankommenden Besucher grundsätzlich mit zum Speisen einlädt, wenn diese selber am Essen sind. Diese Einladung gebietet nicht nur die Tradition, sondern auch die Höflichkeit.

Die Letten sind ein sehr höfliches und zuvorkommendes Volk. Am Tisch gehört sich manierliches Verhalten, wobei Anstand und Ruhe zu wahren ist, um den gebührenden Respekt gegenüber den Speisen und denen, die diese Speisen zubereitet haben zu erweisen. Ruhe und Anstand bedeutet nun nicht, dass Sie während der ganzen Zeit nichts sagen dürfen. Eine gepflegte Konversation ist auch in Lettland während des gemeinsamen Speisens willkommen.

Bei der Sitzordnung ist unbedingt darauf zu achten, dass Sie sich nicht an die Tischenden oder Tischecken setzen. Das Tischende ist grundsätzlich für das Familienoberhaut reserviert und sollten Sie noch nicht verheiratet sein, empfiehlt es sich nicht an einem der Tischecken zu sitzen, da Sie nach lettischen Überzeugungen die nächsten sieben Jahre nicht heiraten werden. Ich habe Paare kennen gelernt, die in Lettland ihren Urlaub verbracht und von dieser Überzeugung gehört haben, diese Paare hüteten sich an Tischecken zu sitzen. Es soll aber auch Fälle gegeben haben, wobei die Verlobte ihrem Verlobten mit einem lächeln auf dem Gesicht an einer Tischecke einen Platz anbot.

Brot spielt eine sehr wichtige Rolle und wird in Lettland sehr gerne gegessen. Auch beim Brot gibt es Dinge, die Sie als Besucher wissen sollten. Die jungen ledigen Frauen in Lettland sind der Überzeugung, dass die Ledige einen jungen Bauern mit eigenem Hof zum Mann erhält, wenn Sie das erste abgeschnittene Stück eines Brot bekommt. Des weiteren gibt es die Überzeugung, dass die älteste Tochter auf dem Hof einen Jungbauern mit eigenem Hof heiratet, wenn das Brot mit der dicken Seite zuerst angeschnitten wird.

Auch bei Salz gibt es Gedanken und Vorstellungen, auf die ich hier nur kurz eingehen will. Wenn Salz auf den Tisch oder auf den Boden verschüttet wird, gibt es Streit und ist das Essen versalzen, dann ist der Koch verliebt.

Selbstverständlich sind gute Manieren bei Tisch genau so gerne gesehen, wie in vielen anderen Ländern in Europa. Auch hier gehört es zum guten Umgangston, dass Sie die anderen Gäste am Tisch zuerst fragen, ob diese etwas trinken wollen, bevor Sie sich selber etwas zu trinken einschenken. Fragen Sie bitte auch erst die Gäste am Tisch, bevor Sie eine erneute Bestellung aufgeben.

Auch in Lettland fangen Sie bitte mit dem Speisen erst dann an, wenn alle am Tisch sind und auch wirklich alle etwas zu essen haben. Im Großen und Ganzen kann man feststellen, dass sich die Sitten am Tisch in Lettland mit denen in Deutschland ähneln.

Machen Sie das Personal in einem Restaurant bitte nicht dadurch auf sich aufmerksam das sie laut mit den Fingern schnippen, mit den Händen klatschen, oder laut rufen. Sobald sie Platz genommen haben, wird ihnen die Kellnerin oder der Kellner die Speisekarte übergeben. Seien Sie nicht überrascht, wenn die Auswahl der Vorspeisen im Gegensatz zu deutschen Restaurants eine enorme Auswahl bietet. Oft kann man beobachten, dass viele Gäste in Restaurants sich hauptsächlich Vorspeisen bestellen. Diese Vorgehensweise ist in Lettland durchaus üblich.

Selbstverständlich gibt es auch lettische Spezialitäten. Diese sind zum Beispiel: Akroshka, eine Milchsuppe mit Zwiebeln, Salatgurke, saurer Sahne, und Kräutern. Eine andere Suppe ist die Sauerampfersuppe, die aus gekochten Eiern, saurer Sahne, Kartoffeln und Graubünden besteht. Eine weitere sättigende Spezialität aus Lettland sind die Pirogi. Die Pirogi sind Hefeteigtaschen, die mit Zwiebeln und Speck gefüllt sind.

Zu den diversen Vorspeisen, sowie zu der eigentlichen Mahlzeit wird in Lettland gerne Bier getrunken.

Geschäftliches

In Lettland müssen sie keine Befürchtungen haben, durch ein Smalltalk zu sehr vom hauptsächlichen Thema abgelenkt zu werden. Der sachlich orientierte Ton, herrscht in Lettland vor. Ihre lettischen Geschäftspartner möchten schnell zum Ziel, und damit zu einem vernünftigen und für beide Seiten positiven Geschäftsabschluss kommen.

Bei Schwierigkeiten werden Sie feststellen, dass Emotionen in Lettland wenig Platz einnehmen. Wenn Sie Probleme oder Schwierigkeiten haben, versuchen Sie nicht durch Emotion vom eigentlichen Thema abzulenken, sondern lösungsorientiert zu arbeiten.

Auch bei Geschäftsbesprechungen werden sie schnell feststellen, dass ein langer Monolog nicht gerne gesehen ist. Achten Sie bitte darauf, dass sie mit ihren lettischen Geschäftspartnern einen Dialog führen. Die Dialoge sollten unbedingt dem Zwecke dienlich sein sein. Achten Sie unbedingt drauf, die Initiative nicht zu stark an sich zu reißen. Sollten Sie das Gefühl haben, die Initiative zu sehr an sich zu reißen, können sie mit einer Frage an die Gruppe oder ihren Gesprächspartner das Gespräch erneut in Gang bringen.

Sie sollten sich für ihre lettischen Geschäftspartner sich Zeit nehmen. Ein drängen auf eine Entscheidung kann sich negativ auswirken.

Normalerweise werden in Lettland fasst alle Geschäftsabschlüsse durch einen Vertrag der von beiden Seiten unterschrieben wird besiegelt. Nur wenn es erforderlich ist, wird der Vertrag durch einen Notar (Kauf, Abtretung etc.) oder einen Anwalt noch einmal bestätigt.

Dresscode

Bei einem geschäftlichen Termin gelten dieselben Kleiderregeln wie in Deutschland. Mit einem Zwei- oder Dreiteiler in dunklen Tönen, weißem Hemd, gedeckter Krawatte, schwarzen Schuhen, dezentem Schmuck können sie nichts falsch machen. Achten Sie bitte darauf das die Kleidung nicht locker sitzt.

Die Damen tragen gedeckte Töne. Die Haare können offen sowohl geschlossen getragen werden. Dezenter Schmuck rundes das Profil einer europäischen Geschäftsfrau ab.

Kulturelles und Gesprächsthemen

Wie eingangs erwähnt ist die Stadt Riga und ihre sehr auffällige Architektur beliebtes Gesprächsthema.

Eine große Anzahl der lettischen Bürger sind sehr „Deutschfreundlich". Vielleicht kommt es aus dieser „Deutschaffinität", dass die Letten, die ursprünglich das Wort „Ja" nicht kannten, es aus dem Deutschen übernahmen.

Ein weiteres Gesprächsthema für Letten ist die Folklore. Es gibt in Lettland kaum ein Städtchen oder ein Dorf, wo es nicht einen Chor oder eine Tanzgruppe gibt.

Tabus

In Lettland ist es wichtig, existierende Probleme mit ethnischen Minderheiten nicht anzusprechen.

Die Religion ist nicht wie man sonst annehmen möchte, ein Tabuthema. Obwohl die Mehrheit der Bevölkerung evangelisch-lutherisch ist (wie in Estland), spielt diese eine untergeordnete Rolle. Die in Lettland beliebte Johannisnacht (24. Juni), geht eher auf heidnische, statt auf christliche Traditionen zurück. Bei diesem Fest wird die Göttin Liga gefeiert.

Sollten Sie ein Tabu gebrochen haben oder einen Fauxpas begehen, reicht es normalerweise aus, sich bei ihre lettischen Geschäftspartnern dafür zu entschuldigen. Erklären Sie sich damit, dass sie sich noch nicht mit allen Gepflogenheiten und Riten des Landes auskennen, dass sie jedoch bemüht sind, solche Vorfälle in Zukunft zu vermeiden.

Sonstiges

Lettland wird innerhalb der drei baltischen Länder Estland, Lettland und Litauen von den führenden Banken und Finanz starken Staaten als das Luxemburg der BeNeLux-Staaten und somit als „Finanzzentrum" der drei baltischen Länder bezeichnet.

Als eine der schönsten Städte Europas wird Riga bezeichnet, wobei die Altstadt von Riga Teil des Weltkulturerbes ist, doch auch das Jugendstilviertel innerhalb der Hauptstadt ist sehenswert.

EU - Beitritt	
Staatsform	
Hauptstadt	Riga
Fläche	64 000 km²
Bevölkerung	2,4 Millionen
Währung	Lats

Botschaft der Bundesrepublik Deutschland
Tel.: 0000 / 00.0 00 Zentrale
Fax: 0000 / 00.0 00 Zentrale

Lettische Botschaft in Berlin
Tel.: 0049 / 00.00 00 00
Fax.: 0049 / 00.00 00 00

Notizen:

Notizen:

Notizen:

Notizen: